岡田尊司
Takashi Okada

父という病

ポプラ新書
051

父という病／目次

序章

父親は必要なのか

父親とは何か

父親とは何だろう。それは、母親とは何かと問う以上に、答えるのが難しい問いかもしれない。いくら関係が稀薄《きはく》で不安定になったとはいえ、母親との関係は、十か月にわたる妊娠期間や分娩《ぶんべん》、一年半から二年に及ぶ哺乳といった生物学的な結びつきによって、特別なお墨付きが与えられている。それはやはり余人に代えがたい絆であり、そうした生物学的な役割を怠ったり、不幸にもかかわり損なうようなことがなければ、母と子の関係は、まずは安泰だ。

しかし、父親となると、生まれてくる一年近くも前に、母親となる女性と愛し合い、精子を提供したということ以外に、生物学的な結びつきは乏しく、父親が果たすべき生物学的役割は、これといって存在しない。つまり、その子にとって、不可欠だという瞬間は、子どもが受精卵として誕生する前にほぼ終わっている。それから以降は、いわば、いてもいなくてもいい存在なのだ。

生物学的には、ほとんどの瞬間において、いてもいなくてもいい父親だが、それゆえに、その結びつきは、母親との関係以上に心理社会的なものだと言える。それは言い換えれば、社会や時代が変われば、そして心理的、社会的な状況によって左右されやすい関係だということだ。それに対して、母と子の関係は、生物学的に決定づけられる部分が大きいので、社会や時代を超えた普遍性をもつということだ。

今日、母親との関係が変わってきているとしたら、それは、生物学的な条件を踏み外してしまう、とても危険な兆候だということだ。一方、父親との関係は、社会や文化や状況によって変化する、もともと高い多様性と可塑性を備えたものなのだ。その点が、父親とは何かという問いに答えることが、母親とは何かという問いに答える以上に難しい理由だろう。

父親は必要なのか

近年の研究が改めて明らかにしたことは、母親の新生児期から乳幼児期にわたる緊密で愛情深いかかわりが、子どもの健全な成長のためには不可欠だということだ。その関係は、単に心理社会的な関与というにとどまらず、広く哺乳類に共通する生物学的な営みなのだ。

生まれてから一年半ほどの母親のかかわりが、その子の精神的な安定や対人関係の質だけでなく、身体的な健康や知的・社会的な発達、ストレスに対する抵抗力、子育てやパートナーとの関係に至るまで、はかりしれないほどの影響を、生涯にわたって及ぼし続ける。

しかし、父親について論じようとすると、同じ前提が成り立たなくなる。話は大きく後退し、そもそも父親は子どもの成長や発達に必要なのかというところから話を始めなければならない。

母親役の存在がいなければ、子どもはまともに育たないどころか、成長さえも止まってしまい、生命さえも危険になるということは、夥《おびただ》しいデータが裏付けた揺るぎない事実だ。このことは、人間だけでなく、すべての哺乳類に当てはまる生物学的な事実でもある。これは、すべての哺乳類が、オキシトシン・システムという同じ愛着の仕組みを共有するためだ。

では、父親についてはどうか。

まず、生物学的な観点から言うと、母子と生活を共にし、子育てに父親がかかわる種は、哺乳類全体の三％程度とされ、しかも、その役割の大部分は、直接的に世話をするというよりも、母子を外敵から守るなどの補助的なものだ。しかも、大部分の種では、母親が発情期を迎えるたびにパートナーが替わる。その時点で、前のパートナーとの間にできた子どもは、通常追い払われることになる。

父親が母親と同じくらい子育てにかかわる種は、マーモセットの一種くらいのもので、人類にもっとも近縁な種とされるチンパンジーでさえも、父親は子育てに関与しない。母親や子どものみが集団を作って暮らし、オスはオスだけで別に集団を作って暮らす。発情期だけ、オスはメスに関心を示すが、子どもには無関心だ。

その意味で、家庭で妻子と暮らし、子どもの養育にかかわることは、人間に特異的に進化した、極めて人間らしい特性だと言える。

しかも、この人類において、とりわけ進化した父性機能は、農耕・牧畜が始まって以降、強化されたもののようだ。というのも、ピグミーのような採取狩猟民では、父親はあまり子育てにかかわらず、母子の様子を遠目からうかがうだけで、どちらかというとチンパンジーの状況に近いからだ。

採取狩猟生活では、母子だけで暮らすことにあまり不都合はないが、農耕生活になると、高度に組織化された社会的協力や蓄積された富をめぐる集団間の組織的な戦闘が起きるようになり、社会の掟《おきて》やルールに沿った行動様式を身につける必要が強まった。父親は家父長として一家を率いるとともに、子どもに共同体の掟を教え、一人前の構成員に育て上げるという役割を担うようになった。

こうした父権的な社会においては、父親は畏怖すべき絶対の存在であり、逆らうことは許されなかった。父親は一家のリーダーであると同時に、教育者であり、精神的な支柱であった。

この状況を変えたのは、近代工業化社会の到来である。一家を率いるチームリーダーだった父親は、大規模な工場や会社に吸い取られ、子どもの前からいなくなった。子どもの教育は、代わりに学校が担当することとなり、父親はそれまで果たしていた役割を奪われた。黙って仕事に行き、給料をもってくればいい存在に成り下がったのだ。父親の存在感は低下し、母子関係や学校での関係が、子どもの成長の中心的な場を占めるようになった。

父親の存在感が、かつてとは比べられないほど稀薄な時代を迎えたのだ。父親がさほど重要性をもたないとなると、女性たちが、元々そうしていたように、自分の力で子育てをしようと考えるのも自然な成り行きだった。戦中・戦後の人手不足と、女性の職場進出、女権の強まりがその状況に拍車をかけた。離婚に踏み切り、あるいはシングル・マザーとなり、父親なしで子育てする状況も当たり前となっている。父権の崩壊とともに、母系社会への回帰が起きているのだ。

父親が身近にいない状況で育つ子どもたちは、いまやかなりの割合を占めている。平成二二年の統計によれば、十八歳未満の子どもがいる世帯約一二〇〇万世帯のうち、母親と子どもだけで暮らす世帯は、一一一万世帯を超えている。一割近い世帯に父親がいないことになる。一方父子だけで暮らす世帯は、一二万世帯余りと、全体の約一％ということになる。この十倍近い数字の開きは、子どもにとっての、父親と母親の必要度の違いを表しているとも言えるだろう。父親の必要度は、母親の十分の一というのが、現状が示す冷厳な評価なのかもしれない。

少なくともわれわれの社会においては、父親がいなくても、子どもの生存には、ほとんど影響しないだけでなく、それ以外の発達や健康面においても、母親の不在ほどには影響しないということがわかっている。父親との愛着よりも、母親との愛着の安定性が、子どものその後の対人関係を左右することも知られている。父親との関係が悪くても、母親との関係が十分に安定したものであれば、父親からの負の影響は補われるのだ。

しかし、まったく影響がないかというと、そうではない。さまざまな問題において、リスクの増加が起きるのだ。たとえば、その一つは非行だ。

平成二二年の犯罪統計から、少年犯罪のピークである十五歳で見ると、実父母がそろっている家庭が約六割だったのに対し、実母だけの家庭は三割を占めた。実母のみの家庭が、全体の十分の一程度とすると、母親のみが育てる場合、非行のリスクは五倍程度に増加すると考えられる。ちなみに、父親のみの家庭の占める割合は、母親のみの家庭の約四分の一で、それを考慮すると、そのリスクは、さらに二・五倍程度の上昇を示すと推測される。

つまり、母親はより重要だが、母親だけでは、やはり子どもの成長に困難を抱えやすいのだ。そこには、経済的な問題もからんでくるだろうが、それ以外の要因もかかわっていると考えられる。

マコーミックらの研究によると、子どもの頃に父親と離別した子どもは、そうでない子どもと比べて、自己評価が低く、父親に拒絶されたと感じやすい。自己評価の低さや、本来頼ってもいい存在に頼れないという思いは、対人関係のもち方や安心感に当然影響するだろう。過度に気を遣ったり、逆に求め過ぎて、ぎくしゃくした関係になりやすい。

父親を失ったり、父親不在の状況で育った青年では、うつや自殺企図、薬物やアルコール依存、十代の妊娠、家出、学業からのドロップアウト、心身症、精神障害などのリスクが上がる。その影響は、青年期にとどまらず、妊娠中や中年期以降においてもみられる。父親の喪失や不在だけでなく、父親の過保護にも、負の影響があることも報告されている。また、文化や社会の違いによって、影響の程度にも差がみられることもわかっている。

また、近年注目されているのは、後の章で見ていくように、子どもが社会適応するためのスキルや能力を獲得するうえで、父親が果たす役割の重要性だ。父親と良好な関係をもてないと、アイデンティティの獲得に苦労しやすい。先ほど述べた非行の問題も、そうした観点で理解することもできる。

主役の座から転落した父親

二十世紀の初め、フロイトが精神分析を創始してから半世紀近く、その中心にあったのは父親だった。フロイトがエディプス・コンプレックスを発見したのは、フロイト自身の自己分析によってだ。フロイトは、父親に対して恐怖と嫉妬を覚えていたが、それが何に由来するかと考えたとき、母親に対して性的な願望をもっていたからではないかと自己分析したのだ。実の父母とは知らず、父親を殺し、母親を妻にしたギリシャ悲劇の王エディプスもまた、同じ無意識の衝動に操られていたのではないか。そう考えて、エディプス・コンプレックスという名を与えた。そして、このエディプス的葛藤こそ、人間の中心的な葛藤だと考えたのだ。

だが、それはフロイトが強い家父長の時代に生きていたからだった。今日のように、母親との関係が問題の中心になる時代が来ようとは、フロイトも思わなかっただろう。父親こそが家族の中心にいて、しかも強い存在感を示していたのだ。

母親の役割の重要性に着目した先駆者は、やはり女性だった。そのひとりメラニー・クラインは、乳児期からの母親との関係が、あらゆる対人関係の基礎を築いていくことを見出《みいだ》した。そのライバルでもあったアンナ・フロイトも、児童精神分析のパイオニアだったが、戦時保育所で出会った子どもたちを観察する中で、後に愛着障害として知られることになる、母親を奪われた子どもたちに起きる異変について詳細な報告を行った。さらに、母親の重要な役割について研究を進めたのが、イギリスの医師ウィニコットやボウルビィだった。ウィニコットは、「ほどよい母親」が、乳児期の子どもに対して、母性的没頭を捧げることが、子どもの健全な発達のベースになるとした。しかし、「ほどよい父親」の必要性については、特に述べなかった。ウィニコットを境に、父親の役割の軽視が始まったと言えるだろう。一方、ボウルビィは、第二次大戦後に大量に発生した戦災孤児や疎開児童の研究から、母親を奪われた子どもたちの成長に重大な支障が起きることを報告した。

さらにその状況を加速したのは、自傷行為や自殺企図を繰り返す境界性パーソナリティ障害の存在がクローズアップされ、乳幼児期の母子関係に原因があると考えられ始めたことだ。そして、ジョン・ボウルビィが愛着に関する三部作を発表した一九六〇年代以降、母子の愛着が、父親との関係など及びもつかないほど、子どもの生存と安心感の確立に深くかかわっていることが明らかとなっていく。

いつのまにか主役の座が、すっかり入れ替わったのだ。

エディプスなき時代の父親

それは、家父長としての絶対的な父親が君臨した時代が終わりを告げたということでもあった。母親との関係が対等なものに変化するとともに、父親は働き手として家から姿を消すことになった。家庭に滅多にいなくなった父親は、以前のような存在感を、子どもに対しても妻に対してももたなくなった。

こうして強い家父長権が前提となっていた父親への恐怖と反逆のエディプス神話は、その前提から崩れ出した。不在の父親は、もはや子どもに強い恐怖も反逆心も催させることがなくなり、激しい葛藤を生じさせる相手ではなくなった。代わりに生まれたのは、家に残された母と子の密着という事態だ。いうなれば、母と子の精神的な〝近親相姦〟が、ごく普通のこととなったのだ。

父親の不在と母との密着という事態は、エディプス・コンプレックスが存在しない、エディプスなき時代をもたらした。エディプス・コンプレックスが存在する以前の段階、精神分析家が「前エディプス段階」と呼ぶ母子一体の段階に、子どもと母親を残すことになったのだ。

そうした流れに警鐘を鳴らし、改めて父親の重要性を指摘したのが、フロイトへの回帰を主張したフランスの精神分析医ジャック・ラカンだった。ラカンは、枠組みを与える父親の機能を、「父の名《ノム・ド・ペール》」と呼んだ。「父の名《ノム・ド・ペール》」とは「父の否《ノン・ド・ペール》」でもあり、父親の存在は、掟に背くことをダメだと禁止することによって、野放図な欲望をコントロールする働きをもつと考えた。「父の名《ノム・ド・ペール》」とは、象徴的な意味での掟であり法だ。

ラカンは、子どもは母親の欲望を映し出す鏡だと捉える。しかし、母親の欲望に呑み込まれたままでは、健全な成長が遂げられない。そこに、父親の役割が必要になってくる。母親の愛情のぬるま湯の中に呑み込まれてしまわずに、一人前の大人に成長していくためには、欲望に枠組みが与えられ、現実化するプロセスが必要なのだ。父親は、子どもに対して乗り越えがたい限界として立ちはだかるとともに、子どもを母親との関係から外の世界へと引きずりだすことによって、欲望を地に足のついた、練り鍛えられたものに変えていく。

たとえば、母親に対する欲望が際限のないものにならないように、父親はそれにブレーキをかける役割を果たしている。また、母親に呑み込まれるのを防ぐべく、外の世界へと連れ出す役割を果たす。こうした父親の役割が、子どもがバランスよく育つためには必要だということになる。

しかし、エディプスなき状況では、その抑止機能が働かなくなる。子どもは際限なく母親に接近し、際限なく母親を貪《むさぼ》る。母親もまた然《しか》りだ。

ラカンを皮切りに、父親の役割の再評価が、ゆっくりではあるが進められてきたのも、母親の役割だけでは、母親の役割自体もうまく機能しないことに、臨床家たちが気づいてきたからだ。

父親は母親になれるか

ラカンが精神分析の世界で、父親の重要性に再びスポットライトを当てようとしていた頃、心理学の世界でも、子どもの発達に果たす父親の役割を見直す動きが少しずつ出てきた。それが本格化するのは、一九八〇年代以降のことだ。ただ、そうした新しい潮流は、ラカン流に特別な役割を父親に担わせるというよりも、母親に劣らない保育者として、両者を同等視しようとするものだった。それは明らかに、子育ての世界でも男女同権が広がり、性の違いなど乗り越えられるものであり、子育ては母親にとってだけでなく、父親にとっても、同じくらい楽しめるものだという楽観主義に彩られていた。

しかし、実際に研究が行われてみると、父親のかかわりは、質量ともに、母親のそれに比べて貧弱なものだった。フランスでの調査では、労働者の父親が子どもの世話にかける時間は、一日平均六分だった。アメリカでも、母親の四分の一か五分の一の時間しか、父親は子どもにかかわっていなかった。質という点で見ても、母親の方がずっと豊かな言葉で語りかけ、言語的な相互性という点では、ずっと優れていた。

だが、父親の方が優れているところもあった。それは、遊びの要素を備えているという点だ。父親は、何でも遊びにして面白がろうとした。一方、母親は何でもルーチンワークにして、それに根気よく取り組み、また、取り組ませようとした。子どもの年が上がると、その傾向はより顕著になった。父親は体を使って活発に遊ぼうとし、母親は食事を与えたり世話をすることに熱心だった。

子どもと遊ぶときでさえも、母親が子どもと遊ぶときと、父親が子どもと遊ぶときでは、質的な違いが認められた。母親は型通りの遊びやおもちゃを使った遊びを好み、父親は体を使った遊びや型にはまらない、独自の遊びを好んだ。そして、子どもは、母親と遊ぶことよりも、父親と遊ぶことにより積極的な反応を示した。こと遊びに関しては、父親は、母親にはない捨てがたい魅力があるということになろう。

子どもに対する指導の仕方も、父親と母親では異なっていた。母親は食事をするとか入浴するといったことでも、いちいち指図し、絶えず目を光らせ、ことこまかに管理するという姿勢を示したが、父親のやり方は、母親ほどは指示的でなかった。ただし、学校の勉強といったことがからんでくると、両者の違いは明確でなくなったが。いずれにしても、量においても質においても、父親が母親の代わりをすることは、そう容易なことではなさそうだった。

もっとも意識が進んでいるとされる北欧などの調査でも、男性が育児にかかわる時間は、期待されているほど変わっておらず、子どもに対する愛情という点では、むしろ危惧されるデータが示されている。スウェーデンの調査によると、主たる養育者が男性の場合は、母親が主たる養育者の場合や、夫婦で子育てする父親と比べて、むしろ子どもに対する愛情が乏しい傾向がみられたのだ。

このことは、わが子の養育をすることになった父親が、むしろそのことを負担に感じ、子どもに愛情を感じる余裕さえなくしがちな状況に置かれていることを示唆している。こうした現実は、男性が時代の流れに抵抗して、育児に消極的だというよりも、男性にそなわった生物学的な特性が、育児を全面的に引き受けることを困難にしている可能性を示している。

時代はさらに進んで、母親さえも働き手として、子どもにかかわる時間を切り詰めるようになり、不在の存在となる。母親さえも不在の事態が、稀《まれ》ならず起きるようになっている。子育てよりも、仕事や自分の楽しみを優先する母親も例外的な存在ではなくなった。どうしても母性の部分を犠牲にせざるを得なくなった。母親の不在や母性の欠如した子育ては、さらに深刻な「母という病」をもたらすことになった。

大家族で暮らしていた頃は、不在の母親を補ってくれる存在がいたが、それも難しくなっている。母親自身、その母親との関係が不安定なことも多く、サポートを得にくいという状況もある。祖母や父親が真剣に母親代わりをして、子どもを育てた場合には、母親の不在を補える場合もある。しかし、その場合も、母子密着が抱えやすい問題を、祖母や父親が逃れることはできない。祖母密着、父子密着ということも起きるのだ。

小家族化と母親不在の進行という中で、父親の存在も不在も、いっそう子どもに影響しやすくなっている。

このように、「母という病」に苦しむ人が増え、母親の過剰な支配や、逆に母親の見捨てが生じやすくなったのは、父親が実際に、あるいは機能的に不在な「父親なき社会《ファザレス・ソサイアティ》」にわれわれが暮らすようになったゆえでもある。父親の不在が、「母という病」を生みやすくなったのだ。逆に言えば、「母という病」の実行犯は母親であったとしても、母親をそこに追い込んだ本当の犯人は、父親であったかもしれないということだ。母という病は、父親の不在と表裏一体であり、母という病は、父という病でもあるということだ。

「父という病」もまた、家父長の時代に比べ、はるかに多様で、複雑なニュアンスをもつ。

これから本書が解き明かそうと試みるのは、エディプス時代の名残をとどめる父子関係から、エディプスなき時代の父子関係にわたる幅広い父と子の真実だ。

なお本書には、数多くの具体例が登場するが、一般人のケースについては、実際のケースをヒントに再構成したもので、特定のケースとは無関係だということをお断りしておきたい。

第1章
愛着対象としての父親

なぜ、そこにいるの？

「父親とは、外界から子どものもとにやってくる最初の他者」と言ったのは、あるイタリアの精神分析医だ。その言葉通り、母親と半ば融合した乳飲み子にとって、父親の登場はかなりだしぬけで、脈絡のないものだ。まるで間男かお邪魔虫のように、いつのまにかそこにいて、馴《な》れ馴《な》れしい態度を、自分に対しても、愛する母親に対してもとるのだ。一体、何者だという疑問に、その男は「パパ」だと答える。

パパとは、子どもの暮らしに押し入ってくる最初の他者であり、外の世界からの侵入者である。そして、そこに存在する理由がわからないままに、時々姿を現しては、我が物顔に振る舞う。その子を抱きたがるその他大勢と同じはずなのに、態度が図々しい。少なくとも乳児にとって、「パパ」は意味不明の存在であり、あまり歓迎されない不躾《ぶしつけ》な客だ。

この意味不明で、あまり役に立つとも思えない存在が、重要な役割を果たし始めるのは、母親がもっとも大きな存在である授乳期を終え、子どもが自在に辺りを歩き回り始めた頃からだ。

ただし、その準備段階は、乳飲み子の頃から始まっている。乳児は母親だけに愛着するのではなく、父親にも愛着を示す。ことに、父親が世話することに熱心な場合には、母親に劣らない愛着を示す。母親よりも父親に世話をされることを好む場合もある。もっとも、その場合は、母親との愛着が安定したものか、少々心配なのだが。

程度の差はあれ、早い段階から父親が子どもと安定した愛着を築いていくことは、父親が大切な役目を果たすことになる母子分離以降の段階において、活躍しやすい環境を整えることになる。

もっと初期の段階での躓き

それは、フロイトがエディプス・コンプレックスと呼んだ父親とのライバル関係が始まるよりも、前の段階だ。エディプス・コンプレックスが強まるのが、四歳頃からだ。この時期、父親との葛藤をうまく乗り越えられないことが、神経症の原因だとされた。

しかし、家族や共同体の崩壊とともに、エディプスなき時代に入ると、多くの人にとって、父親の存在感は薄まり、その支配力を失ってきた。それとともに、エディプス・コンプレックスは、人格の中心的葛藤とは言えなくなったのだ。

では、エディプスの葛藤から解放されて、人々は精神的に安定したかと言えば、まったく逆だった。神経症よりもっと不安定で、深刻な問題を抱えやすくなった。神経症で悩む人は減ったが、依存症や摂食障害や境界性パーソナリティ障害といった、もっと厄介で対処が難しい状態を、多くの人が呈するようになった。一体何が起こっているのだろうか。

実は、エディプス・コンプレックスよりも前の段階、前エディプス段階と呼ばれる時期に問題が起きていたのだ。つまり、一歳半までに行われる母親との愛着の形成や、二歳から三歳頃に進む母親との最初の分離の過程で躓《つまず》いてしまっていたのだ。その結果、母親との愛着が不安定になり、基本的安心感や信頼感が誰に対しても抱けなくなったり、母子分離に失敗して、母親と融合した状態にとどまっていたのだ。

こうした状態が存在することは、フロイトの時代から知られていた。そうしたケースでは、精神分析的な治療を行っても、良くなるどころか逆に不安定になり、治療者に対して恋愛感情を抱いたり、ひどく攻撃的になったりした。なぜ分析がうまくいかないのか、当時はわからなかった。その謎に最初に答えを出したのは、バリントだ。

彼は、この状態を「基底欠損《ベーシック・フォールト》（基本的な欠陥）」と呼び、このタイプの人には、基本的な安心感が欠けており、誰とも持続的な信頼関係をもつことができないとした。そして、その原因が、乳児期の母親との関係にあると考えた。

大戦後、こうした特徴を抱えた人が急速に増え、「境界例」と呼ばれるようになったが、その原因として、乳児期から再接近期にかけての母子関係が重要と考えられるようになった。しかし、精神分析の説明は、恣意的な解釈に走り過ぎ、客観的な裏付けに欠けていたため、その信頼性を失うようになった。それとともに、母子関係に原因を求めることさえも、一つの「神話」であるとみなされるようになった。

そうした中で、この問題に客観的な裏付けをもって、一つの明確な答えを出すことになったのが、ボウルビィから始まった愛着理論だ。ボウルビィは、母子関係において形成される特別な絆である愛着が、生物学的なレベルで存在する現象で、子どもの健全な成長に不可欠なものだということを明らかにした。

さらに、その後継者たちによって、不安定な母子の愛着が、将来のさまざまな禍根を用意し、その子の対人関係や社会適応を困難にするだけでなく、知能・社会性の発達や、精神的、肉体的健康にも影響することが明らかにされた。今世紀に入る前後から、愛着を支える生物学的な仕組みの正体も解明されてきた。

今から考えれば、バリントが「基底欠損」と呼んだものも、戦後「境界例」と呼ばれるようになった状態も、母親との間に、不安定な愛着しか育まれなかったことから起きていたと理解できる。

一九八〇年代以降から今世紀にかけて、ますますこうした、より初期の段階で困難を抱える人が増えているが、当然、そこで重要な意味をもつのは、母子関係だ。父親との関係を云々《うんぬん》する以前に、はるかに盤石《ばんじゃく》だったはずの母子の関係さえもが崩れ始めたのだ。

愛着形成の失敗も母子分離の失敗も、結局、母親との不安定な愛着という形で表れる。こうして、現代人の病理を理解する鍵は、父親ではなく母親に、エディプス・コンプレックスではなく、愛着になったのだ。

本書よりも先に、『母という病』を書かねばならなかったのは、そうした事情からだ。子どもたちは、父親どころか、母親とさえも不確かな関係しかもてなくなっているのだ。父親を云々する前の段階で、致命的とも言える困難を抱えてしまうのだ。

では、エディプスなき時代において、父親はまったく重要性を失ったのかというと、決してそうではない。序章でも見たように、父親との関係は子どものその後の人生での社会適応や精神的な安定を左右する。母親との関係が盤石でなくなっている今日、その役割はむしろ大きくなっているとも言えるのだ。

強い父権の存在しない、男女差の縮まった社会においては、母親との愛着が重要性を増すのと同様に、父親との愛着も、かつての社会では考えられなかったような重要な意味をもつ。それはある意味、父親の代理母化として理解することもできる。また、社会的な仕組みとしての父性が機能しなくなったことにより、生物学的な仕組みが、改めて重要性をもつようになっているとも言える。

子どもと愛着を結ぶのは、母親だけではない。父親もまた子どもと愛着を育む。父親との愛着は、いかなる意味をもつのだろうか。

父親との愛着

母親でさえ、その子を産んだだけでは母親になれない。新生児期から乳離れするまで、ほとんど二十四時間にわたるとも言っていい、絶えざる世話と関心を注ぎ続け、子どもの欲求や反応を見逃さずに応え続けることでしか、本来の安定した愛着は築かれない。しかも、かかわりにはタイムリミットがあり、一歳半までの間に、そうした緊密な関係が維持される必要がある。

そうした関係は、心理社会的関係というにとどまらず、生物学的、身体的な要素も強い。妊娠から分娩、授乳といったプロセスは、まさに一個の生き物としての母親に本能的に備わった営みだ。そのつながりは、本来、父親など寄せ付けないほど強く深い。

それに対して、父親の存在といえば、たまに抱っこをしたりオムツを替えるくらいのもので、子どもとの関わりは薄い。現実問題、母親の方が、圧倒的に子どもと安定した愛着をもつようになる。

もちろん、母親が何らかの理由によって、その機能を果たせなくなったとき、母親の代理を務め、育児を行うこともある。父親の中にも、母親の代理を務められるような仕組みが、本来備わっていると考えられる。

イェール大学医学部のカイル・プルエット教授が、父親が乳児期から母親に代わって養育にあたった十七家族を対象に行った八年にわたる研究によると、これらの家庭では、子どもの発達は極めて良好で、活動性や好奇心も旺盛で、分離不安もあまりなかった。このことから、プルエット教授は、養育本能は、決して母親にだけ備わったものではないという結論を導き出している。

ただし、この研究から、父親が母親の代役を完全に果たせると言えるかというと、それに対しては、少々疑問を抱かざるを得ない。そうした楽観的な結論を出すには、八年という期間では不十分だ。本当の問題は、それより後で、つまり思春期以降に現れやすいからだ。しかし、いざとなれば、ある程度、母親代わりをする能力を父親も備えていることは疑いない。

外敵から母子を守る

とはいえ、通常の状況において、父親に課せられたもっと重要な役割は、外敵から母子を守り、母親の子育てをサポートするということだ。

父性と母性の役割の違いは、ホルモンレベルでの生物学的な仕組みの違いでもある。子どもとの愛着や育児を支えるホルモン的な仕組みは、愛着システムと呼ばれ、オキシトシンというホルモンによって司《つかさど》られている。このオキシトシンが母性の正体だ。

一方、父親では、アルギニン・バソプレシン（以下、バソプレシン）というホルモンが重要な役割を果たしている。これが父性を支える生物学的な仕組みと考えられている。実際、父親が育児に熱心な種では、バソプレシンに感受性をもつ神経細胞が、脳内に豊富に存在する。バソプレシンの働きが活発な種では、わが子だけでなく、他人の赤ん坊に対しても父性的な保護行動をしようとする。

バソプレシンは、オキシトシンと構造の類似したホルモンであり、どちらも子育てや愛情にかかわっているが、その働きは、オキシトシンと興味深い違いを見せる。

オキシトシンが、心を落ち着けさせ、活動を鎮静化し、じっとしていることに耐えやすくするのに対して、バソプレシンは、活動性を高め、愛着した存在を守るために探索や攻撃を活発にする。動きを止め、じっとしていることが、子どもの世話にとって重要であることは容易に想像がつくだろう。

人間の場合でも、女性が出産すると、それまで社会で活発に活動していた人でも、一、二年の間は、子育てに専念することが多いが、そうした生活の変化に苦痛を感じず、子育てに没頭するためにも、オキシトシンの働きは重要だ。授乳をしなくなり、オキシトシンの働きが弱まると、母親は子育てに縛られていることを苦痛に感じやすい。外で何かしたくてうずうずしてくる。

父親が育児をしなければならなくなったとき、母親以上に苦痛を感じやすいのは、そうした仕組みの違いによる。バソプレシンが優位に働いている男性では、家の中で大人しくして子どもに寄り添っているということが、容易ではないのだ。

しかし、母親がそうした役割を果たせなくなったとき、父親が母親の代役を行っていると、最初のうちは、そうすることが苦痛でも、次第に苦痛が減ってくる。それは単に馴れるというよりも、子どもの世話をすることにより、父親の中でもオキシトシン・システムが活性化され、子守のためにじっとしているということが、当初ほど苦痛でなくなってくるためだと考えられる。

このように、父親といえども、必要に迫られれば、ある程度〝母性〟が働く仕組みがある。近年流行りのイクメンでは、まさにそうした代替機能が活性化し、母親との役割交代が起きていると思われる。

とはいえ、本来的な役割としては、父親は直接的な育児を担当するというよりも、その攻撃性や行動力によって、母子の安全を守るという面が強い。

この攻撃性の強さは、父親に二つの顔を与えることになる。一つは、強く頼もしい庇護《ひご》者としての父親であり、もう一つの顔は、恐ろしい畏怖の対象である父親だ。父親の二つの顔は、父親の二つの役割でもある。外敵から母親や子どもを守る存在としての父親と、枠組み機能や抑止力としての父親だ。

エディプス・コンプレックスにしろ、「父の名」にしろ、後者の禁止的な役割ばかりが重視されがちだが、庇護者として子どもの安心感を守るという父親の役割も重要だ。父親の不在は、抑止的な機能が働かないだけでなく、安心感を脅かされやすい状況を用意する。

たとえば、父親との離別を体験した子どもには、しばしば悪夢や夜恐症がみられる。不安が強くなったり、消極的になったりしやすい。

父親のいない子どもは、一方で幼く誇大な万能感をもったまま成長しやすいが、同時に、傷つきやすさや安心感の乏しさを抱えやすい。そのギャップが父親不在の子どもの一つの特徴だ。

母親に呑み込まれずに、外の世界へと歩みだし、自立への一歩を踏み出すのを父親は助けるが、それが可能となるのも、強く頼もしい庇護者としての父親が、エスコートして連れ出してくれるからだ。そのために必要なのが、父親との愛着であり、子どもが父親に理想像を見出し、それに同一化しようとすることだ。父親のこの役割が弱いと、子どもは安心して冒険へと踏み出していけない。まずは第一歩として、幼い時期に父親との愛着が育まれることが大切なのだ。

母親という安全基地がしっかりしていることは、子どもの探索行動をバックアップするが、現地をガイドする導き手としての父親は、その過程をさらに容易で安全なものにする。

しかし、愛着が不安定な父親では、備わった攻撃性や行動力が、母子を守るという機能をうまく果たせないだけでなく、子どもを社会へと導くガイド機能も果たせない。攻撃性や行動力が、意味もなく空回りしてしまうこととなる。家庭内暴力という状況は、その典型だ。愛着対象を守るはずの攻撃性が、守るべきものに向けられてしまう。子どもに対する愛着が乏しく、無関心だったり、自分のことで精一杯という父親もいる。

そもそも愛着の安定した父親か、愛着を稀薄にしかもてない「回避型」の父親か、愛着不安が強く過剰に愛着を求めようとする「不安型」の父親かによっても、子どもに対するかかわり方は大きく違ってくる。

子どもを刺激し、外界に誘う

父親の役割は、バソプレシンがもつもう一つの重要な役割と関係している。それは、子どもをチャレンジや冒険へと誘うということだ。

オキシトシン活性の高い親は、愛情深いかかわりや同調した反応を子どもに対して活発に示す。それに対して、バソプレシン活性の高い親では、子どもの興味や活動性を刺激するようなかかわりを好み、子どもの関心を外界の対象物に向けようとする。安心させるというよりも、子どもを新たな冒険や興味で刺激し、現状にとどまるのではなく、外界へと関心や行動を向けさせる。

もちろん、バソプレシンは女性にも備わっており、性別に関係なく、バソプレシンの活性が高い人と低い人がいる。性別を問わず、バソプレシン活性と、子どもへのかかわり方をモニターしてみると、先に述べたような傾向がみられる。

女性でも、父性的な役割をうまく果たせる人もいれば、男性でも、そうした役割が苦手な人もいるわけだが、全体的に見れば、やはり父親の方がバソプレシン活性が高く、体を使って遊んだり、外界の事物に注意を向けさせたりする。

本来、男性と女性に分担されていた役割は、その境目があいまいになり、平均化されているが、生物学的な仕組みから自由になったわけではなく、やはり性の縛りは厳然と存在している。

オキシトシンとバソプレシンの働きには、他にも対照的な違いがある。その一つは、オキシトシンが関心を人に対して向けようとすることに関係が深いのに対して、バソプレシンは、事物に関心を向けることに関係していることだ。

関心の性質も異なっている。オキシトシンは共感的な関心にかかわっているのに対して、バソプレシンは、敵を見定めるための冷徹な関心にかかわっている。オキシトシンは優しい愛情に、バソプレシンは厳格な支配に関係していると言えるかもしれない。そうした違いは、男性脳と女性脳の違いとして知られているものともオーバーラップする。

オキシトシン系が発達するためには、母性的な愛情や世話が不可欠なように、バソプレシン系の発達には、父親的なかかわりが重要になる。

動物実験で、父親と育たなかった子どもでは、父親とともに育った子どもに比べて、じゃれ合ったり闘って遊んだりすることが少なく、バソプレシンを産生する細胞の数が視床下部で少なかった。

こうした傾向は、社会性の発達や、将来親となったときの行動にも影響すると考えられる。父親と母親が協力して子どもを育てる種では、父親は、父親独自の役割を担っているのである。

父親になるということ

母親も、最初から母親だったわけではない。子どもを産み育てる中で、母親となるのだ。そのとき大きく変化するのは、オキシトシン・システムだ。

分娩の際に大量のオキシトシンが放出され、陣痛を引き起こすと同時に、母親を激痛から守る。授乳や抱っこの際にも、オキシトシンが活発に分泌され、母性的行動を引き起こす。

こうしたオキシトシンの影響を受け、母親の脳自体が変化する。娘の脳から母の脳へと変わる。母性が誕生するのだ。

父親となることは、同様の変化を引き起こすのだろうか。父親になることによって、父性的な役割を担うとされるバソプレシンの活性が高まるのだろうか。

父親になることによる変化を実際に調べた研究によると、種によって異なるようだ。

父親的な行動が活発にみられる種では、父親になる前の状態よりも、バソプレシンの活性が高まっている。しかし、父親が育児に参加しない種では、特に変化がみられない。

人間で調べた研究では、バソプレシンには特に変化はなく、むしろオキシトシンが増加していた。わが子である赤ん坊に触れ合う中で、父親の中にも、母性的な愛情の高まりが起きているのだ。

わが子に対する優しさという点では、父親も母親と同じオキシトシンに操られているのだろう。オキシトシンが高まることにより、ベースにあるバソプレシンとのコンビネーションで、強く優しい人間的な父性が生まれるのだろうか。

たとえば養育環境の問題などで、オキシトシンやバソプレシンがうまく働かないまま大人になった状態では、こうした仕組みがうまく機能しない。子どもに対して無関心な反応を示しがちだ。

父性のもう一つの本質である荒々しい攻撃性や冒険的な活動性だけが、オキシトシンの働きによって中和されることなく、むき出しのままに働いてしまうと、虐待やDV、浮気や子捨てといった問題も起きてしまうと考えられる。

バソプレシンと関係の深い攻撃性や活動性は、重要な父性の要素ではあるが、人間的な父性に特徴的なのは、むしろ、強さだけでなく、優しさも兼ね備えた母性的な父性なのかもしれない。

ストレスや不安に強くなる

愛着とは相互的な仕組みだ。愛着で結ばれたわが子を見ると、父親の脳では、オキシトシンが活発に分泌され、十分後には血漿《けつしょう》中のオキシトシン濃度が上昇する。バソプレシンの血漿中の濃度は変化しないが、遺伝子の発現レベルを調べると、視床下部の細胞で、オキシトシンだけでなくバソプレシンを産生する遺伝子の活性が高まっている。わが子を見るだけで、脳における遺伝子の発現が変化するのだ。

オキシトシンが血漿中で上昇することは、ストレスに対する耐性を高める。ストレスを受けるような状況に遭遇しても、その前にわが子を見ていた場合には、ストレスホルモンであるコルチコステロンの上昇が抑えられる。

バソプレシンについても、同じ傾向がみられる。バソプレシンが高まると、やはり不安に対して耐性が上がり、ストレスに強くなるのだ。動物実験で、外敵の匂いを嗅がせた場合も、バソプレシンの分泌が低い状態だと、すぐに警戒を強め、子どもの世話もやめてしまうが、バソプレシンが豊かに分泌されている状態では、びくびくすることなく、子どもの毛づくろいを悠然と続ける。父親になることは、その人を強くする。子どもと暮らすことは、父親にとっても、ストレスから守ってくれる働きがあるのだ。

このことは、いくつかの心理学的な研究で裏付けられている。子どもとよくかかわる父親は、ストレス・レベルが低く、この傾向は、中年期の親にも当てはまる。子どもが小さい頃だけでなく、十代の青年期になっても、子どもによくかかわる父親は、ストレスを感じにくく、精神的にも安定し、仕事においても高いモチベーションをもち、また家庭以外でも若い世代を指導しようとするという。

これらの研究結果は逆の見方をすれば、安定した愛着スタイルをもつ父親は、子どもとの愛着が安定しているだけでなく、他の対人関係や職場での適応も良好で、自分のアイデンティティの獲得や社会的成熟においても困難を抱えにくいということなのかもしれない。

しかし、たとえその人が安定した愛着スタイルの持ち主だったとしても、仕事が忙し過ぎて、子どもにかかわる時間が不足すれば、子どもとの愛着は育たず、その関係も不安定なものとなり、父親としてだけでなく、一人の人間としての成熟や安定を脅かす要因となるだろう。

　子どもの顔もなかなか見られず、長時間、強いストレスのもと働くことを余儀なくされ、また、何か月も、時には何年もわが子から離れて暮らさなければならない父親たちは、どれほどのものを犠牲にしているかは恐ろしいばかりだ。とても過酷な、非人間的という以前に、非生物的な環境で働かされていることになる。

　家庭をもたず、子どもをもたない男性が増えていることも、折角結婚しても、離婚して、わが子の顔を見ることもままならない父親が増えていることも、どちらも不幸な事態だと言える。それによって、心身の健康や寿命を削っているとも言えるのだ。

　しかし、もちろん、それは父親に愛着というものがしっかり備わっている場合の話だ。父親が回避型の愛着をもつ場合には、結婚や子育てが逆にストレスになる。結局、離婚に至り、経済的な負担だけを背負わされるという状況も、今ではありふれた状況だ。父親にとっても受難の時代なのだ。

愛着から見た父性のタイプ

愛着という観点から見ると、父子関係は、①愛着の安定度、②不安型か回避型かといった愛着スタイル、によって分けることができる。

また、①父性的なかかわりが優勢か、②母性を代償するかかわりが優勢か、によっても、その特性が分けられることとなる。その場合、前者では、バソプレシンが、後者ではオキシトシンが優位な働きをしていると考えられる。

そうした観点から、父親のタイプを見ていこう。

①愛情深く、強い父親

一つは、オキシトシンもバソプレシンも豊かなタイプだ。このタイプは、愛情深く、絆も安定していると同時に、行動的で、強くたくましい父親だ。父親としての存在感もあり、子どもにとっても、妻にとっても申し分のない父親だと言えるだろう。気は優しくて力持ちといったところだろうか。愛着が安定しており、かつ、外向的な活力にも富むという意味で、安定・外向型と呼んでおこう。古き良き時代の理想的な父親像と言えるだろう。

精神分析の創始者であるジークムント・フロイトはまさにそうした人物だった。妻マルタとの間には、八年の間に六人の子どもができたほどで、浮気などはもちろん言語道断だった。家族を大切にするだけでなく、対外的にも活躍した。フロイトのエディプス理論は、こうした父親像を基準に作られたものだ。しかし、今日では、こうした父親はむしろ例外的な存在になってしまった。

頼りがいがあり、尊敬に値し、愛情や思いやりも深いこのタイプの父親は、子どもにとって理想的な父親だと言えるだろう。

しかし、何事もすべて良いことばかりというわけにはいかない。申し分のない父親をもつことが、その子の幸せの足枷《あしかせ》となる場合もある。その典型的なケースは、後でも触れるが、偉大過ぎる父親をもつことにより、その理想像に縛られてしまう場合だ。

父フロイトと娘アンナ

フロイトの末娘アンナも、そうしたケースの一つだと言えるだろう。フロイトの六番目の子どもで、末っ子のアンナは、フロイトが三十九歳のときに生まれた。アンナはとても聡明で、しかも美人だった。しかし、生まれた当初、末娘に、両親は何ら特別な期待をかけていたわけではなかった。

アンナは束縛されるのを嫌い、したがって学校も好きではなかった。そうしたこともあって、大学進学のための特別な教育を受けることもなく、アンナは十九歳のとき、小学校の教師になった。彼女が子どもという生涯のテーマと出会ったのは、教師としての体験が出発点だった。

しかし、元々体が弱かったこともあり、教師の仕事を続けることができなかった。教師を辞め、アンナは父フロイトの手伝いをしながら、自らも父親から教育分析を受ける。そして、彼女自身が、子どもを対象にした児童分析を始めたのは、アンナが二十八歳の頃からだ。

その間、美しかったアンナには、数多くの求婚者が現れたが、アンナは見向きもしなかった。健康が衰え始め、学会内でも孤立しがちだった父親の助手として、そして後には後継者としての役目に殉ずる道を選んだのだ。

もともと、父フロイトのお気に入りは、長女のマチルダだったという。しかし、上の娘たちが嫁ぐと、フロイトは、末娘のアンナに頼るようになった。アンナは、小さい頃から父親が大好きで、父親と二人だけでベネチアに出かけた旅行を、特別な思い出として大切にしていたほどだ。

アンナは父親の助手として、父親の仕事の意義や偉大さを知るにつれて、ますます父親に対する尊敬の念を深め、父親を守らなければならないという思いを強くしていった。父親の偉大さからすると、言い寄ってくる男たちは、みんな雑魚に見えたのかもしれない。

唯一例外は、後にアイデンティティ理論を打ち立てることになるエリク・エリクソンだった。アンナは、若きエリクソンの教育分析を担当し、年下のエリクソンに恋愛感情を抱いたようだ。だが、七歳も年上のアンナはすでに三十代で、エリクソンは結局別の女性と結ばれ、アンナは生涯独身を貫き、父親の庇護者でありつづけた。

②自己愛的な父親

二番目のタイプは、オキシトシンは乏しいが、バソプレシンが豊かなタイプだ。このタイプは、攻撃的で、行動力があり、男性的だが、愛情や絆の安定性には欠けるタイプだ。子どもに対しても、妻に対しても横暴で、自分勝手な父親ということになろう。

愛着も安定しないので、自分の都合で、子どもや妻を捨ててしまうことも多い。バソプレシンが豊富で攻撃性や行動力があるので、新しいパートナーの間を渡り歩くということにもなりがちだ。愛着が不安定だが、外向きの活力には富むという意味で、不安定・外向型と呼ぼう。

家庭には落ち着かないが、次々と浮名を流す男性には多いタイプだ。こうしたタイプの典型は、自分への関心や自分の楽しみを何よりも優先しようとする自己愛性タイプだ。

このタイプにとって、何より大切なのは自分であり、わが子といえども、自分の自由や楽しみを制限するか不快さの種となるとき、腹立たしい邪魔物に過ぎなくなる。自分の邪魔をするものには、罵声を浴びせ、暴力をふるうことも厭《いと》わない。自分のすることはすべて正しいと思っているので、おれの邪魔をし、おれを怒らせた方が悪いのだという理屈で自分を正当化し、自分を省みることはない。

子どもからすれば、自己中心的で、身勝手な父親だ。そんなに自分のことが大事で、子どもが邪魔なのなら、子どもなど最初から作らなければいいのにと、子どもの方が思ってしまうような父親だ。

しかし、このタイプの父親は、自分の欲望を満たすことは、自分の当然の権利と考えるので、それを我慢したり、遠慮したりすることもない。我慢したり遠慮したりすれば、それは自分の弱さであり、愛着という柵《しがらみ》に負けたことになるのだ。

したがって、手に入れた女性をほしいままにすることは無論のこと、それ以外にもチャンスがあれば、新たな女性を自分のものにしようとする。特定の愛着対象を守ることよりも、欲望を実現することこそが、むしろこのタイプの人にとっては、力の証《あかし》なのだ。

自己愛の強い父親は、自己愛の強いあらゆる人と同じく、優れたものや美しいものを好み、劣ったものや欠点を嫌う。わが子であろうと、優れた子どもを愛するが、劣った子どもや失敗した子どもには無関心だ。憎み、忌み嫌うこともある。

同じ子どもであっても、その子が優秀な面を見せ、素晴らしい成果を上げているときは、賞賛と愛情を与え、さすが自分の子だと満足するが、ひとたびその子が躓き、情けない面やみすぼらしい結果しか残せなくなると、蔑《さげす》みの冷たい笑みを浮かべ、ぷいとそっぽを向き、そんな子どもなど最初からいなかったように振る舞う。

弁護士の父親

司法修習生の陽奈子（仮名）は、うつや不安発作に苦しめられていた。陽奈子の父親は弁護士として成功していた。陽奈子は当然のことのように、小さい頃から、弁護士になることを目標にして頑張ってきた。成績も優秀で、周囲の期待に応え、それなりに成果を上げてきた。

ただ、父親に対しては、相反する思いも抱いていた。社会的にも経済的にも成功している父親だったが、失敗した者や劣った者には情け容赦がなかった。精神的に病むといったことも、父親からすれば、弱さの表れにしかすぎず、情けないと一言のもとに切り捨てられることだった。優れた成果を示している限りは、さすがおれの子だと上機嫌な態度をみせるが、少しでも弱ったところやダメなことを言うと、努力が足りない、心が弱すぎると、激しい怒りと叱責をかうだけだった。

世間的には成功した弁護士の一家と思われていたが、内情は、殺伐としたものだった。父親は自分勝手で、特に家族に対しては横暴なところがあり、反発すると近所にかまわず怒鳴り散らしたり、手を上げたりするので、母親も子どもたちも、それに逆らえず、黙って従うしかなかった。父親に逆らわないということは一家の不文律となり、それは陽奈子が成人するまで続いた。

父親は、仕事の面ではやり手で、事務所を大きくし、高級車を何台も所有していた。しかし、金銭面では細かく、母親や子どもたちが使うわずかな生活費にも、過酷なまでにチェックを入れた。自分の楽しみには大金を使っても、妻子といえども、自分以外の者が自分の稼いだ金を使うことには我慢ならなかったのだ。

それでも、母親が健在で、父親との間を取り持っていた間は、父親の欠点にも目をつむり、仕方ないと思っていた。だが、その母親が二年前に病気で他界してしまったのだ。父親は衰弱して死んでいく母親に対して、冷酷そのものだった。もはや利用価値のないものに対するように、治療費さえ出し惜しんだ。しかも、母親が亡くなって一年も経たないうちに、父親から再婚の話を切り出されたのだ。父親は悪びれた様子もなく、相手の女性の素晴らしさを称《たた》え、「母さんも許してくれると思う」とうそぶいた。

怒りを隠し、話を聞いていくうちに、父親はポロッと、二年前からその女性と付き合いがあることを漏らした。それで腑《ふ》に落ちた。というのも、母親の病状のことで、父親に連絡しようとしたとき、なかなか連絡がつかないことが、何度かあったのだ。

あのとき、父親は……。母親がつらい闘病をしているとき、父親は若い愛人と遊んでいたのだ。

陽奈子は、自分がなろうとしている弁護士という仕事にさえ、情熱をもてなくなっていた。本当に、自分はこの仕事をしたかったのか。父親に認めてもらいたくて、ひたすら自分を殺して頑張ってきただけではないのか。

だが、自分が目標として目指してきた弁護士は、それほど立派な仕事なのか。弁護士の父親は、母親や子どもたちさえ愛することのない非情な人間ではないか。法律を学ぶことが、人間を守ることに役立つどころか、人間の醜い欲望を正当化するために使われるのだとしたら、そんなものは何になるだろう。

目標としてきた父親に、あまりにも深い幻滅を味わい、自分の理想としてきた信念やこれまでの努力さえも、意味がないもののように思えてしまったのだ。陽奈子のうつや不安症状は、母親という支えを失ったことによるものだったのと同時に、父親に象徴されてきた彼女の中の価値観が、自分のアイデンティティとともに崩壊する危機の表れだった。

もう少し早い段階で、父親に反発し、父親の後姿を追うという路線から、一度は踏み出す経験をしていれば、彼女の危機はもう少し小さなものになっていただろう。しかし、陽奈子の場合、二十代も半ば過ぎるまで、父親の支配に甘んじていたため、その傷と衝撃が大きくなったのだ。

反社会性タイプの父親

オキシトシンが乏しいが、バソプレシンの活性は強いという場合、攻撃性が強く、男性的な魅力はあるが、愛情や愛着が不安定になる。その場合、養育環境の問題が加わったりすると、より暴力的で、冷酷な様相を帯びることになる。自己愛性という点では共通するのだが、さらにルールや道徳的な掟も平気で破るというアウトローなところが加味されるのだ。こうした反社会性パーソナリティの父親をもつことは、子どもにとって、生まれたときから大きな試練を背負わされることになる。

子育てに協力することはなく、平気で子どもを虐待したり、ネグレクトしたりということも起きやすい。

③母性的な父親

三番目のタイプは、逆にオキシトシンが豊富だが、バソプレシンが乏しいタイプで、母性的な父親のタイプだ。子どもに対しては愛情深く、よく世話をし、絆もしっかりしている。ただ、攻撃性や行動力には欠け、穏やかで落ち着いた生活を好む。男性的な魅力には欠け、冒険心も乏しく、あまり刺激的ではないが、家庭的で、育児にも協力的な父親だ。愛着が安定しているが、関心が家庭内に向かうという意味で、安定・内向型と呼んでおこう。

少し前の調査だが、家庭に関心が高い父親は、社会的成功という点では、そうでない父親よりも劣っているという皮肉な結果が示された。その一方で、子どもの良好な学業成績や社会的成功には、父親の関心や関与が重要だということが、他の研究で示されている。子どもにとっては、父親の社会的な成功よりも、自分が必要とするときにかかわってくれることの方が重要なのは言うまでもないだろう。

パブロ・ピカソと父ホセ

二十世紀最大の画家のひとりパブロ・ピカソの父親ホセは、息子同様、絵画に熱い情熱を捧げ、美術館長や美術学校の教師を務めた人物だった。息子のパブロとは対照的に、痩せ型長身の理想家肌で、公平無私な性格の持ち主だった。短軀《たんく》でがっちりしたパブロの体型は、傲慢で、身勝手な性格とともに、母親譲りのものだった。ホセの性格は、聖職者だった兄の影響も少なからずあった。ホセは、心からこの兄を敬愛し、また何でも頼りにし、心の拠《よ》り所としていた。ホセの絵に対する情熱を理解し、そのための費用を応援してくれたのは兄だった。

それゆえ、兄が四十六歳という若さで急逝したとき、ホセは強いショックを受けた。六歳年下だったホセは、四十歳となっていたが、定職もなく、まだ独身だった。

一方、ホセの弟サルバドールは、腕のいい医師になっていた。サルバドールは、兄ホセよりも世間の渡り方を心得た人で、マラガ市の衛生局でも仕事をしていた関係で、上役に顔が利いた。市立美術館ができたとき、その館長の仕事を、兄にあてがうように動いたのだ。絵だけの収入では、とうてい生活が成り立たなかったので、この職に就けたことは、ホセが画業を続けるうえでも、独り立ちするうえでも、とても幸運なことだった。実際、市立美術館の仕事にありつけていなければ、ホセは結婚することも、その結果、パブロ・ピカソが誕生することも、息子につきっきりで天才教育を施すこともなかっただろう。

市立美術館の館長となったホセは、妻を迎える。ホセ四十二歳、妻のマリアは、十七歳年下の二十五歳だった。マリアは、猜疑心《さいぎしん》が強く、あまり円満な性格の女性ではなかったが、それには彼女の生い立ちが少なからずかかわっていた。父親を早くに失い、幼い頃から辛酸を嘗《な》めて育ったのだ。

翌年、パブロが生まれる。仮死状態だった。叔父のサルバドールが、諦めずに蘇生術を施していなければ、産声を上げることなく生を終えていたかもしれない。出生時の仮死状態が影響したのか、甘やかされ過ぎたことが拍車をかけたのか、その点は不明だが、パブロは成長するにつれ、行動や学習の問題を顕著に表し始めた。まったく落ち着きがなく、衝動的で、やりたいことだけをやり、わがままの言い放題だった。集中力に欠け、字を読むことも、簡単な計算も一向に身につかなかった。ただ、唯一の例外は絵を描くことで、まだ言葉も喋れないうちから、それとわかる絵を描き、切り絵を作った。

三歳のとき、妹が生まれ、母親の愛情を奪われてから、パブロは父親にべったりになった。六歳のとき、もう一人妹が生まれると、その傾向は益々強まった。パブロは、一人になることを極力嫌い、ホセは息子に付きっ切りで、一緒に登校しなければならなかった。授業中も机にじっとしていられず、目に入った物の方にふらふらと歩いていくのだった。彼を大人しくさせるためには、机の上にお気に入りの鳥の剝製を置いて、それを描かせるしかなかった。パブロは、物でも人物でも、目にする物は何でも、みごとな筆致で描いた。六歳のときに描いたデッサンは、とうてい子どもが描いたものとは思えない出来栄えだった。

最初に入った小学校にはまったく馴染《なじ》めず、ホセは知り合いが校長をしている私立学校に転校させた。しかし、それもあまり効果なく、パブロは、校長夫人にまとわりついて、面倒を見てもらうというありさまだった。無理やり授業を受けさせようとすると、今度は体調が悪くなり、学校を休んでばかりになった。父親も諦め、息子に絵を描くこと以外は求めなくなった。

ホセは、そんな息子を何とか中学（スペインでは、十歳で中学を受験した）に行かせたいと思い、知り合いだった試験官に手加減を頼んだが、これなら答えられるだろうと思って出題した簡単な計算問題を、パブロはことごとく間違えてしまう。頭を抱えた試験官は、最後には正解を小声で耳打ちしなければならなかった。

その頃、ピカソ一家の前途には暗雲が垂れ込め始めていた。市立美術館の閉鎖が決まり、ホセは、一家の経済を支えてきた美術館長の職を失うことになった。ホセは、遠く離れた町ラ・コルーニャに開校することになった美術学校の職をどうにか見つけだし、そこで教えることになっていたが、一家は、見知らぬ土地に引っ越しをしなければならなかった。

新しい土地は、言葉や気候も違い、館長から平の教師になったホセは、気苦労も多かった。ホセはまるで島流しにでもあったように陰気になり、妻のマリアも、ますます疑り深い性格を強めたので、一家の雰囲気は重苦しいものとなった。学業にはますますついていけず、反抗的なパブロは、よく罰を受けて独房にいれられた。しかし、パブロにしてみれば、授業を受けさせられるよりも、そちらの方がましだった。好きな絵を描かせてもらえたからだ。パブロは、教科書をみごとな落書きで埋めた。それ以外の憂さ晴らしといえば、闘牛ごっこと称して、野良猫を追いかけ、やっつけることだった。ときには、殺してしまうこともあったという。

そんな状態で中学に通わせたところで、あまり益がないことは明らかだった。ホセは、二年で中学に見切りをつけ、自分が教師を務める美術学校で、息子に本格的に絵を習わせようと決意する。

こうして、ホセは父親と教師という二役を、本式に引き受けることとなった。それまでも、ホセは絵の手ほどきをしていたが、今度は一人の教師として指導を始めたのだ。わが子を教えるのが一番やりにくく、難しいというのは、多くの教師が認めるところだが、ホセは、この二役を見事にこなした。

ホセは、画家としては二流だったかもしれないが、美術教師としては一流だったと言えるかもしれない。パブロのような個性の強い生徒を、その個性を殺すことなく、うまく育てることができたという一事だけで、そのことは十分に証明されたと言えるだろう。教えれば教えるほど、ホセはわが子の天才を確信した。もともとぬきんでていた才能は、たゆまぬトレーニングによって、さらに磨かれていったのだ。

十三歳のとき、父親は自分の絵筆や絵の具をすべて息子に与え、自分はもう絵を描かないと告げた。父親は、自分がもてるすべてを息子に与え、息子の才能に希望を託したのだ。

このタイプの父親は、寛容で愛情深いだけでなく、とても献身的で粘り強く子どもにかかわろうとする。子どもにとって、母親代わりの存在でもある。ピカソの場合も、妹に奪われた母親の愛情を、父親に埋め合わせてもらった。ホセ・ピカソは、元々人付き合いを好むタイプの人間ではなかったが、息子に甘えられるうちに、特別な愛情を注ぐようになった。絵の才能があるとわかってからは、もてるすべてをわが子に伝授した。しかし、決して強制せず、技術だけでなく、絵に対する情熱を、巧みに育んでいった手腕は、目を見張るものがある。

しかし、問題もあった。父親が母親代わりとして機能したため、ホセはわが子に最大限のわがままを許し、父子の癒着も続くことになった。おかげでピカソは、幼い万能感や誇大な顕示性を、そのままもって大きくなった。もしピカソほどの才能がなければ、彼は間違いなく深刻な社会不適応を起こしていただろう。

④回避的な父親

四番目は、オキシトシンもバソプレシンも乏しいタイプだ。愛情や子どもへの関心が乏しいだけでなく、行動力や冒険心にも欠け、いざというときも弱々しく、雄々しさにも欠ける。愛着が稀薄なだけでなく、積極的な社交やチャレンジも避ける回避型の父親だ。当然、もっとも存在感の乏しい父親でもある。

こうしたタイプの父親は、回避型愛着スタイルの持ち主だという点で大きな共通点がある。回避型の父親は、親密な信頼関係というものを、そもそも好まない。人と気持ちや体験を共有することにも、あまり関心や喜びを感じない。それよりは、自分の関心事に一人で熱中することが心地よい。

その典型は、シゾイド・タイプである。シゾイド・パーソナリティとは、遺伝的に対人関係に喜びや関心が乏しく、一人でいることを好むタイプで、表情や共感そのものが乏しく、人と協調したり、楽しみを共有したりすることが少ない。生物学的な特性の影響が強い場合もあれば、幼い頃、養育者のかかわりが極度に不足し、ネグレクトされた結果という場合もある。

前者の場合は、自閉症スペクトラムのうちの自閉タイプや受動タイプに当たり、後者の場合は、回避性愛着障害（抑制性愛着障害）と呼ばれるタイプに該当する。

自閉タイプのケースは、情緒的な反応が乏しく、他者と感情や関心を分かち合うことに、興味も喜びも少ないので、どうしても自分の興味・関心に没頭し、孤立的に振る舞うことになる。そもそも結婚して父親になることも、平均よりもずっと少ないが、何かの拍子に結婚にまで至ったり、父親となってしまった場合、父親としてのかかわりは希薄なものとなるのが通常である。

ただ、ときには、そうしたタイプの人も、子どもをもち、その世話をすることによって、愛着が活性化され、とてもいい父親として振る舞う場合もある。このタイプの人も、ある程度年齢が上がると成熟し、子どもに対して関心をもちやすくなる面もある。若い頃は、自分のことで精いっぱいで、子どもをもつことなど考えられないということも多い。そういう場合、何かの間違いで子どもができてしまうと、子どもにとって、非常に存在の稀薄な父親となり、子どもへのかかわり不足と遺伝的影響も相まって、子どもも自閉的な傾向を帯びやすい。

もちろん、母親がその不足を補うので、父親の影響がそのままというわけではない。しかし、母親も仕事をもっていたり、病気を抱えていたり、子どもが二人以上いたりする場合には、補いきれなくなり、影響が出やすい。

カール・ユングと父パウル

偉大な精神医学者となるカール・ユングの父パウルは、学者肌の人物だった。古代語に通じ、ヘブライ語とアラビア語に堪能だった。その才能にもかかわらず、彼は学者とはならず、田舎牧師となる道を歩んだ。パウルの父親はドイツからスイスに来て、バーゼル大学医学部教授、さらには総長となった人物で、孫と同じくカール・ユングといった。一方パウルの母親は、バーゼル市長の娘だった。

そうした毛並みの良さを考えれば、パウルにはどんな選択肢も可能に思えるのだが、現実はぱっとしないものだった。父親は大学総長とはいえ、特別な財産はもたず、またバーゼル市長だった母方祖父が破産してしまったため、当てにしていた遺産も入ってこなくなった。パウルが父親から授かったのは、博士号を得るまでの大学教育だけだった。さらに教授資格を得るにはお金がかかり過ぎ、断念せざるを得なかった。

同じ境遇にあっても、困難を押しのけて、道を切り開いていくこともできただろう。しかし、パウルには、そこまでのパワーはなかった。パウルは存在感の乏しい回避的な人物で、自分の意思を貫くようなタイプではなかった。内向的で謙虚な性格は、美徳というよりも、この人物の欠陥だった。理想主義的で、世俗的なものを嫌っていたが、さりとて、身近な家族さえ幸せにする能力に欠けていた。人生にも結婚生活にも幻滅していた。心のうちを相談する友達もおらず、黴《かび》臭い本の世界が唯一の避難場所だった。いつも気分がすぐれず、ネガティブな考えにとらわれ、イライラしていた。妻も子どもも気詰まりに感じ、どちらからも心を開くことはなかった。

カールの母親は、父親よりも陽気で話し好きの女性だったが、この女性も重大な問題を抱えていた。情緒不安定で、もう一つの人格に交代することがあり、ときどき別人のようになってしまうのだ。ユングは、母親に愛着しながらも、もう一人の母親に対しては、「不気味だ」と感じていた。

実際、ユングは子どもの頃、母親ではなく父親の部屋で寝ていた。母親の部屋からは、心を不安にさせるようなオーラが漂い出ていたという。そうは言いながら、ユングが好意的に述べるのは母親の方で、父親に対しては常によそよそしいものを感じていた。結局ユングは、父親とも母親とも安定した愛着を形成することができなかったのだ。

後にユング自身が、人格の解離に悩まされるようになるが、そこには母親の影響だけでなく、父親との不安定で疎遠な関係も影を落としていた。どちらも、マイナス面をカバーしきれなかったのだ。おまけに父親と母親は、絶えず諍《いさか》いを繰り返していた。そんな現実の生活に嫌気がさし、父親は古代語や神学の研究に逃げ場所を見出し、そのことがまた、家族と父親を遠ざけるという悪循環に陥っていた。

しかし、父親は息子に対してまったく無関心だったわけではない。父親は、控えめな仕方ではあるが、息子のことを気にかけていた。そのことが、とりわけ印象的に示されるのは、十二歳のとき、不登校になったユングが立ち直るきっかけとなったエピソードだ。

当時、ギムナジウムの生徒だったユングは非常に困難な事態に陥っていた。田舎の小学校では優等生だったユングも、バーゼルのギムナジウムに通い始めると、いくつもの壁にぶつかることになったのだ。周囲はずっと裕福な家庭の子息ばかりで、成績も優秀だった。代数や体育が苦手だったユングは、他の生徒からも教師からも、劣等生扱いされるようになる。プライドを傷つけられたユングを異変が襲う。意識を失って倒れる発作が頻発するようになったのだ。学校を半年も欠席したまま、復帰の目途もたたなくなったある日、ユングは父親が知人に嘆くのを偶然耳にしてしまう。医者からもさじを投げられ、この先あの子がどうなるのかと思うと、不憫《ふびん》でならないと、父親は話していたのだ。

その言葉を耳にした瞬間、ユングははじめて自分の身に起きている事態の重大さに気づくとともに、このまま逃げている場合ではないと悟る。ユングは、病気に打ち克つ決意をし、実際、その日を境に、発作は起きなくなる。

父親の語る口調が、もっと怒りや非難に満ちたものだったらどうだったろう。父親の言葉が、心から子どもの身を案じる心情を語るものだったがゆえに、ユングの心の奥にまで素直に届いたのではないだろうか。

ユングは復活を遂げ、劣等生の汚名も次第に返上していく。

だが、その後も、父親の鬱々《うつうつ》とした状態は続き、そのうち、胃弱に悩まされるようになる。実は、それは単なる胃弱ではなく胃癌《いがん》だった。

父親は、ユングが医学部に進むと間もなく亡くなってしまう。母親が父親の病室には近寄ろうとしなかったので、父親の最期を看取《みと》ったのは息子のユングだった。父親の死は、ユングにさらに過酷な難題を突き付ける。経済的な問題だ。父親の死は、同時に収入が途絶えることを意味した。しかも、ユングは牧師館で暮らしていたので、父親が亡くなると、住む家さえなくなってしまった。医学の勉強を続けることは不可能だった。学業を辞めて、働くほかないかと、ユング自身も思い始めていた。それは、父親が味わった思いを息子もまた味わうことを意味した。

父親と同じように回避的に生きていたならば、ユングもまた自分の夢を断念し、鬱々として残りの人生を過ごすこととなったかもしれない。しかし、ユングは父親と同じ失敗をしないで済んだ。彼は親戚から学資と生活費を借り、医者となってから金を返す決断をしたのだ。

ユングと母親は、みすぼらしい茅屋《ぼうおく》に移り、ユングはそこから医学部に通った。しかし、ユングはそんな境遇を以前のように引け目に思うこともなく、前途に希望を抱いていた。大学生活もそれなりに楽しんだ。

ユングは父親の蔵書の中で育ち、その関心という点で、父親から多くのものを受け継ぎながら、生き方という点では、父親のような人生を送るまいと深く決意していたのだ。父親の挫折した人生は、ある意味反面教師として、息子の道しるべとなったのだ。

予備の「安全基地」としての父親

愛着は、単なる心理状態や感傷ではない。それは、心理社会的な絆であるだけでなく、それを支える生物学的な絆でもある。

メアリー・エインスワースは、愛着が果たす役割を「安全基地」という言葉で端的に表現した。安全基地とは、困ったときにいつでも助けを求める安心の拠り所であり、母親との安定した愛着が安全基地として機能しているとき、子どもは思う存分探索活動を行うことができる。愛着が安定した子どもは、母親から離れるときも不安を感じにくく、社会性や行動面での発達が良いだけでなく、知能も高い傾向がみられるのは、そうした所以《ゆえん》だ。

父親は、出先にある安全基地として、子どもの探索行動をさらにバックアップしていると言えるだろう。万一、ベースキャンプである母親に問題が起き、安全基地として機能しなくなったときには、その代役も果たすことで、子どもの安心と安全を保障している。

父親との愛着が、母親との愛着とともに安定していることは、そうした役割をスムーズに果たすうえで役立つ。実際、次の章でも見ていくように、三歳頃に父親との愛着が安定していると、母子分離やその後のエディプス段階においても、困難を生じにくいのだ。

このように、子どもが、母親、父親との間に形成する愛着は、相補うものであるとともに、少し異なる特性によって役割分担する。もちろん、人は優れた代償機能をもつので、一人の親が、両者の役割をみごとに担う場合もある。さらに驚くべきは、不遇な中で育とうとも、子どもは、親側の不足や不完全さをものともせず、わずかの助けを足掛かりとして、自立を成し遂げていく力をもっているということだ。

第2章

瀕死のエディプス

父親というライバル

かつて父親は強力な存在感をもち、子どもにとって最も重要な存在だった。先にも触れたように、フロイトが神経症の心的メカニズムの解明を始めたとき、それを理解する上でカギになる概念は、エディプス・コンプレックスと呼ばれる父親に対する抑圧された敵対心や恐怖心だった。

フロイトはその本質を去勢不安と端的に述べた。去勢不安とは、母親への欲望を父親に悟られ、ペニスを切り落とされるのではないかという不安である。直接的な去勢だけでなく、父親から暴力をふるわれなどして、怖気《おじけ》づき無力化されることも含まれるだろう。

つまり、父親とは恐怖の対象であり、逆らえば痛い思いをする相手だった。「地震、雷、火事、親父」と並べられるほどの災厄だった。実際、古代ローマ時代には、父親は法的にも子どもの生殺与奪の権利を有していた。今日では、父親が少し手を上げただけでも虐待とされて通報されるかもしれないが、古代ローマ時代には、親に歯向かう子どもを殺しても罪に問われなかった。むしろそれは親の責任とされたのだ。

日本でも、社会の迷惑になるような子どもは、親の責任として親が始末をつけねばならないという意識がつい最近まで残っていた。青年や成人まで成長したわが子を殺すという場合、こうした思いから子殺しが行われる場合がある。

子どもからすれば、無論、親に都合のいい理屈を押し付けられているのに過ぎないのだが、当の親は大真面目に自分の社会に対する責任として、恥ずかしい子を生かしておくわけにはいかないと思い詰めていたりする。

しかし、こうした父親の在り方は、家や共同体といったものが絶対的な存在感をもち、父親が家父長として一族の上に君臨した時代だからこそ成り立った。家父長は、強い権威と暴力的ともいえる権力をもち、女性や贅沢品に対して優先権をもったが、同時に、一族の存続や共同体の維持に対して強い責任と義務を負った。

一つ間違えば殺されかねないという緊張感が、父子の関係にはあった。父親は子どもにとって、文字通り危険な存在だった。ましてや義理の関係ともなると、その危険は増すことになった。生物学的には、後からやってきた新しい父親は、前夫の子どもを殺してしまうことも珍しくないからだ。そうした潜在的な殺意を免れ、生きていくためには、父親に服従しお情けにすがるしかなかった。父親に逆らうときは、命がけの覚悟を必要とした。殺されないように逆らおうとすれば、子どもは家を出て行くしかなかった。

　殺されないまでも、親子関係を止める勘当という措置は、戦前まで法的に認められたもので、それほど珍しい出来事ではなかった。父親は、もはやわが子でないと宣告し縁を切るのだ。勘当された子は、心理的のみならず、法的にも父親から見捨てられる。その烙印《らくいん》と拒否に絶望し、ますますいじけてしまう人もいたが、中には、なにくそと頑張って、自分の人生を力強く生きる人もいた。


『金色夜叉』などの作品で知られる明治の文豪、尾崎紅葉も、勘当された一人だ。第一高等学校から東京帝国大学に進んだが、硯友社《けんゆうしゃ》という文学結社を作り、在学中から作品を発表、小説家を志す。だが、父親はそれを許さず、勘当されてしまう。紅葉はそんなことにはめげず、大学を中退し、自分の道を究めようとした。ついには国民的な作家として成功を博する。

『沈黙』などの作品で知られる作家の遠藤周作も、父親から勘当された経歴をもつ。父親は東大法学部卒の銀行員で、絵にかいたような堅物だった。一方、母親は東京音楽大学卒のヴァイオリン奏者で、芸術に理解があった。周作が十歳のとき、両親は離婚。周作は父の任地の大連（満州）から、母親と神戸に移る。灘中学に進んだが、自ら「落第坊主」と呼ぶように、ビリから数えて二番目の成績だったという。

周作は浪人を重ねていたが、父親の期待に応えようと、慶應義塾大学医学部予科に合格したと知らせる。実際は、医学部など受験さえしておらず、合格したのは文学部予科だった。父親は大喜びしたが、ウソがばれるのは時間の問題だった。案の定、真相を知ると、父親は激怒し、周作を勘当してしまった。

仕送りもない中、周作は家庭教師などのアルバイトをしながら、学生寮で暮らし、どうにか学業を続けた。しかし、それで投げやりになるどころか、灘中学時代の落第坊主は、フランス語に打ち込み、留学生に選ばれるまでになる。

父親はただ周作の邪魔をしただけのようにも見えるが、試練を与えることで、結果的に周作を奮起させ、成功へと導いたとも言える。

もっとも周作が愛着したのは、母親であり、母親亡き後も、周作はどこに行くのも、母親の遺骨を持ち歩いたほどだ。しかし、父親に対しては、当然のことながらまったく冷淡だった。けれども、大局的に見れば、息子を突き放すことで、父親としての役割をそれなりに果たしたと言えるかもしれない。父親が子どもに愛されたいと、媚《こ》びていたのではできない所業だ。周作には、彼を絶対的に肯定してくれる存在である母親がいて、父親の仕打ちも補われたから、むしろプラスに働かせることができた。

子どもを追い出すという役割

このように、本来、父親とは、情け容赦のない、恐ろしい存在だった。そのことは、母親への欲望を禁じるという性愛的な意味よりも、社会の掟やルールを教える、もっとも厳しい師という意味においてだった。言い換えれば、子どもを家から追い出し、自立させるという役割を担っていたのだ。憎まれ役になってでも、一切妥協せず、「死刑宣告」を下したのだ。

かつて子どもたちは、父親の苦虫をかみつぶしたような顔を毎日拝まされるくらいなら、早く出て行った方がいいと、自立を急いだものだ。もちろん、自分から出て行くと言わなくても、十二歳にもなると、親は勝手に子どもの奉公先を決め、家から追い払って食い扶持《ぶち》を減らすのが通例だった。

父親は親しみのもてる相手というよりも、何の相談もなく、子どもの将来を勝手に決めてしまう絶対的な暴君だった。といって、父親はいつも恐ろしい存在というわけではなかった。子どもが幼い頃には、かつての父親も、優しく子どもを可愛《かわい》がった。しかし、子どもが成長するにつれて、父親は子どもから距離を取り、親しみよりも威圧感を与える存在に変わる。

父親の前では打ち解けられず、気詰まりに感じるということは、何ら異常なことではなく、かつての父子関係では普通のことだった。

父親は子どもに対して距離を取った、よそよそしい存在でいることによって、威厳を保ち、厳しいことや言いにくいことも言える存在であろうとした。親密になり過ぎ、馴れ合いの関係になってしまったのでは、言わねばならないことを言ったり、過酷な命令を下したりすることができなくなってしまう。それでは、本来の父親の役割を果たせなくなってしまう。かつての父親は、子どもと親しみたい、愛されたいという気持ちを押し殺してでも、厳しく近寄りがたい存在であろうとした。

こうした父親像が今も残っているのは、スポーツの世界だろう。褒めて伸ばすという新しいタイプの監督やコーチも増えているが、今でも根強く残るのは、滅多に褒めず、貶《けな》して育てる鬼監督タイプの指導者だ。恐れられ、同時に、強い信奉を集める野村監督や星野監督は、そうした代表だろう。

近寄りがたい父親は、子どもと距離を取るのだが、この距離が子どもの自立心や主体性を育むのに役立つと考えられている。つきっきりで手取り足取り指導したりはせず、貶すだけ貶して、突き放すというやり方は決して親切ではない。

だが、子どもはその悔しさをバネに、自分で考えようとし、自分のやり方を見つけ出していく。いちいち細かいことには手を出さず、子どもに自分で試行錯誤させるのだ。手助けするのは簡単だろうが、あえてそれをせずに、子どもに自分でつかませようとする。

しかし、子どもが自立する過程においては、こうした父親の厳しさや距離感が役に立つ。べたべた絶えずそばにいて、口うるさく指導するわけではないが、言葉少なに語られたことや父親の普段の行動が、子どもに大きな影響力をもつ。いちいち手出しされない方が、子どもとしては自分を発揮しやすい面もある。

自立とは、所詮、手取り足取り指導できるものではなく、自分で模索して摑《つか》み取るしかないものだ。

そうした点からすると、今日の優しくなった父親は、逆に不都合な事態を生みやすくなる。つまり、優し過ぎる父親は子どもを自立させるうえで、あまりうまく機能しなくなったのだ。ありていに言えば、父親が子どもを家から追い出せなくなったのだ。

息子に服従する父親

祐樹（仮名）の一家は、近所でも仲が良いと評判の家族だった。会社員の父親と、公務員の母親との間には、祐樹以外にもう一人妹がいて、休みのたびに車で山や海に出かけて、アウトドアを楽しんだ。夏休みには必ず一家四人で旅行もした。専門職の母親は仕事も忙しく、その分、父親は子育てにもかかわった方だった。母親は父親に負けないくらい収入もあり、家庭での発言力も強かった。祐樹のことには口うるさく干渉し、祐樹の成績が良かったこともあって、大きな期待をかけていた。

父親は控えめで我慢強い性格で、母親がやり残した雑用や家事も、黙って片づけた。子どもたちに怒ったことも、手を上げたこともない優しい父親だったが、祐樹の父親に対する評価は、「一家の雑用係や運転手のようなもの」と見下したところがあった。それは、母親の父親に対する評価を反映したものに思われた。大事なことは母親が決め、父親は手足となって動くのだった。

異変が起きたのは、祐樹が、志望していた進学校に合格した年の秋のことだった。

突然、祐樹が学校を休み始めたのだ。母親は思わぬ事態に、祐樹に理由を問い詰め、登校するようにせっついた。だが、それは逆効果だった。追い詰められた祐樹は、母親に暴力をふるうようになった。母親は祐樹のことを怖がるようになり、父親に祐樹の対応を押し付けるようになった。

しかし、母親よりも下に見ていた父親が、いまさら出て来ても、祐樹は鼻で嗤《わら》う感じで、指導するどころではなかった。父親の対応もまずかった。何とか怒らせまいと、機嫌を取ってしまったのだ。祐樹の要求を呑んでいるうちに、言いなりになってしまい、何を要求されても拒否できなくなっていた。

金をせびられるのはまだましだった。ひきこもって昼間は外に出られなくなっていた埋め合わせをするように、深夜に父親に運転をさせ、方々に行かせるのだ。最初のうちは、レンタルビデオ屋くらいのものだったが、そのうち、何時間もドライブに付き合わされるようになった。昼間働いている父親は睡眠不足になり、仕事にも支障がでるほどだったが、そんなことはお構いなしだった。疲れ果てた父親が、今日は無理だと拒否すると、殴る蹴るの暴行を加え、たまりかねた母親が通報して、祐樹は保護されたのだ。

甘いだけではダメ

献身的な父親が、必ずしも良い子育てができるわけではない。小さい頃から受容的に接し過ぎ、子どもにブレーキをかけるということをしていないと、子どもは誇大な万能感をもったまま大きくなってしまう。遅くとも四、五歳頃のいわゆるエディプス期までに、父親の厳しい面を味わっていないと、後から歯止めをかけることは難しい。特に思春期になってしまってからでは、手遅れだ。

遅くできた子どもだったり、養子の関係で遠慮があったりすると、本人に対する態度が腰が引けたものとなり、甘くなりがちだ。

それとともに、ありがちなのが、母親の方が優位な家庭の場合だ。そうした家庭では、父親が尊敬される存在というよりも、一段低く扱われる。父親に対する同一化や尊敬心は起こらず、ますます父親の抑止機能は弱く頼りないものになる。

そもそもそうした状況を作ってしまった原因の一端は、母親の父親に対する態度にあることが多く、子どもは母親の言葉や態度から、父親が尊敬に値しない存在だと思ってしまうのだ。子どもにとって、父親が無力で、情けない存在であってはならないのだ。現実の父親に対する失望は、その子の心の発達を歪《ゆが》めてしまう。

たとえ、父親に足りないところや嫌なところがあったとしても、こんな素晴らしいところや優しいところがあると擁護することこそが、本当は必要なのだ。逆に、実際以上に、父親をみすぼらしい存在と思わせたとしたら、それは、父親に対してというよりも、子どもに対して罪を働いたことになる。そして、母親自身も後で手を焼くことになる。

父親のブレーキ機能

父親の一つの重要な役割は、子どもにストップをかける抑止機能として作用し、やがてそれが、子ども自身の中に、自己コントロールする力として取り込まれていくのを助けることだ。

ストップをかけ、掟を守らせる存在としての父親は、子どもがスムーズに社会に出ていくうえにおいて重要な役割を果たしていることが、多くの研究によっても裏付けられている。

父親が、子どものやりたいことをする権利を早くから認めてもいいと考える家庭と、あまり早く認めない方がよいと考える家庭で比べると、後者の父親の子どもの方が、その後、成績も良く、よく努力する傾向がみられ、また、非行に走ったり、性的な放縦に陥ったりするリスクも少なかった。一方、母親がどう考えているかは、あまり関係なかったという。

この研究は、父親が子どもにやりたい放題を許すのではなく、子どもの行動に一定の制限をかけてコントロールすることが、子どもの成長には望ましい影響を与えることを示している。そうしたブレーキをかける役割として、父親が一定の役割を果たしていると考えられる。父親が不在だったり、いても、抑止機能が働いていない場合には、子どもが行動のコントロールを失い、無軌道で放縦な生活に陥ったり、学習面でも成果が出せない一因となると思われる。甘いだけの父親では、ダメなのだ。

一方、別の研究では、父親に対して子どもが親近感をもち、父親から受容されていると感じている子どもの方が、自己肯定感が高く、身体的な不調が少なかった。父親が抑えるだけでなく、子どもを受容することも、子どもの安定には必要なのだろう。父親枠組みと受容のバランスは、父親が子どもにかかわるうえで、大事なポイントだと言えるだろう。

通過儀礼と父親

どの社会も、子どもが大人になるうえでの通過儀礼をもつ。ことに男子の場合、通過儀礼はより過酷で厳しいものだ。男の子から大人の男に変わるためには、それなりの試練を乗り越えなければならなかった。

西欧社会であれ日本の伝統的社会であれ、パプア・ニューギニアやブッシュマンのような未開の社会であれ、男子に課せられる通過儀礼には、おおむね共通する要素がある。

まず第一の要素は、女子どもの暮らす集団から切り離され、男だけの集団に隔離されるということだ。さらに、第二の要素として、肉体的な苦痛や心理的な試練が課せられる。先輩から身体的、精神的なイジメが行われる場合もあれば、バンジージャンプのような肝試し的な行動を強いられることもある。その試練に耐えて初めて、仲間として迎えられる。そして、さらに第三の要素として、一定期間、親や家族とは離れて、仲間や先輩との濃密な関係の中で暮らす。家族との関係よりも、もっと強い結びつきを体験する。母親との関係は、そこで完全に卒業することになる。

こうした過程を経て、完全な大人の男に生まれ変わった姿で、社会に出て行くのだ。

この厳しい通過儀礼を無事くぐり抜けるためには、父親の役割が大きい。父親から守られるとともに、否定され、打ちのめされる経験を味わっておく必要があるのだ。父親という厳しさを知らず、母子融合の状態のまま、この関門をくぐるようなことになれば、ボロボロに傷つけられ、怖気づいて、たちまち逃げ出してしまうだろう。

西欧社会では、こうした役割を寄宿制の学校が担っていたし、日本にも江戸時代には、若衆組のような仕組みが存在した。

ヘルマン・ヘッセの自伝的な小説『車輪の下』は、神童だった少年が、寄宿制の神学校に送り込まれ、そこでドロップアウトし、ついに自殺してしまうという話だが、ヘッセ自身、神学校で不適応を起こし、自殺未遂をして、治療施設に入れられたこともあった。通過儀礼を乗り越えられず、さまよった時期が、ヘッセの文学の出発点となっている。

ヘッセの場合には、両親とも宣教師という環境で育ち、厳格で義務感の強い母親との関係がうまくいかなかっただけでなく、父親もまた融通の利かない性格のうえに、社会的にもっと未熟で、ぎこちなく、遊びを楽しむというところが一切欠けた人物だった。ヘッセは不安定な愛着しかもてない母親との、極めて脆弱《ぜいじゃく》な融合状態から脱せられないまま、いきなり寄宿生活に放り込まれ、挫折したのだ。そして、その挫折が、否定的な烙印となり、両親との関係もぎくしゃくし続けた。

ヘッセが社会への最初の関門に躓いたのは、本人のせいばかりではなかった。母親との愛着が不安定で、母親が「安全基地」として機能しないばかりか、父親も社会への導き手としての役割を果たしていなかったことも与《あずか》っていたはずだ。

近代国家となってから、その役割を担うようになったのは軍隊であり、徴兵は男子の通過儀礼という面もあった。徴兵検査に不合格となることが、とても不名誉なことだったのは、通過儀礼に落ちこぼれたことを意味したからだ。実際、徴兵検査に不合格になったりすれば、まともな結婚はできないと言われた。

作家には、社会の通過儀礼に躓いたという人が少なくない。それゆえ、彼らは社会のアウトサイダーとしての人生を選んだのだから、当然と言えば当然である。三島由紀夫もそんな一人だが、彼においても母子融合と父親の機能不全という構造が認められる。つまり、エディプス以前の段階に問題を抱えていたため、エディプス・コンプレックスを乗り越えることなく、その手前にとどまったと言えるだろう。

三島由紀夫と父平岡梓

『金閣寺』などで知られる作家の三島由紀夫、本名平岡公威《きみたけ》の父親は平岡梓《あずさ》といい、農商務省（今日の農林水産省）の官僚だった。父親の梓も、その息子がたどることになるのと同様、旧制一高から東京帝大法学部に進んだ。梓の父親は、平岡定太郎《さだたろう》といい、原敬《はらたかし》の懐刀で、福島県知事から樺太庁長官を務めた人物だったが、疑獄事件にからみ失脚、無罪となったものの、帳簿の穴を埋めるため莫大な借財を背負うことになり、家屋敷さえ失った。

役人として夢破れた定太郎は、わが子にその夢を託そうとした。しかし、息子梓は、農民から大臣に成り上がった父親のようなエネルギーやガッツがまるで欠けていた。父親の栄光と転落を目の当たりにしても、この男の胸に、それにリベンジしようという覇気はなかった。二浪して、やっと一高に入れたくらいだった。

それには、父と母の確執と、不安定な母親の状態も影響していただろう。母親の夏子は、農民出身の定太郎とは対照的な士族の出で、気位と虚栄心に満ちていた。定太郎が成功の階段を駆け上っていた頃から、すでに夫婦の間には激しい波風が立っていた。梓は、そんな二人の間に生まれたたった一人の子どもだったが、絶えずヒステリーを起こす母親と、その母親を罵倒する父親の間で、いつも他人の顔色をうかがい、自分の意思をもたない人間に育っていった。しかも、父定太郎は、地方各地を転勤し、たまにしか東京の自宅には戻らなかったので、梓は母夏子に支配されることとなった。

農商務省に入ってからも、その働きぶりは無気力そのもので、人望にも欠けていた。その梓が見合結婚したのが、開成中学の校長の娘で、三島の母親となる倭文重《しずえ》だった。何も事情を知らずに平岡家の嫁となった倭文重こそ被害者だった。その家では、すべてが姑《しゅうとめ》の夏子を中心に回っていただけでなく、わが子さえも、夏子に取り上げられてしまった。生まれてきた孫公威を溺愛した夏子は、「二階で赤ん坊を育てるのは危険」という口実により、母親の手から奪い取り、自分の部屋で育てようとした。倭文重は、三時間おきに母乳を与えるときだけ、〝面会〟を許された。夏子は、孫の遊び相手選びにまで口をだし、男の子は危ないと言って、年上の女の子だけと遊ばせた。後に、男性的なものに強く固執することになる三島は、幼少期まるで女の子のように育てられたのだ。

こうした事態に妻の倭文重がいくら抗議しても、梓は、母親に何も言えなかった。梓には、とうてい母親に逆らって、妻や子を守る精神的強さはなかったのだ。

小学四年のとき、引っ越しをして、ようやく祖母との同居は終わったかにみえたが、三島が夕食から朝までを過ごしたのは祖母の家だった。学習院中学に入ったときに、ようやく両親と住むことを許された。

幼い頃からずっと母親に甘え損なった三島は、成人してからも、母親にべったりだったという。書いた作品は必ず母親に見せ、意見を聞いた。その習慣は、大作家となっても変わることはなかった。母親は、三島にとって最良の理解者だったのだ。

それに対して、父親の梓は、まったく常識的な反応しか示さなかった。三島が文学に傾倒していくことに常に反対し、邪魔立てをし続けた。本であれ、原稿であれ、容赦なく破り捨て、息子にも自分と同じ役人の道を歩ませようとした。

しかし、わが子を思う気持ちがなかったわけではない。梓は梓なりに、一人しかいないわが子を愛していた。若い頃の三島は、青白く、とてもひ弱だった。徴兵検査を、東京ではなく、わざわざ本籍地の兵庫県志方《しかた》村で受けさせたのは、わが子の弱々しさが余計に際立ち、検査に不合格になるとの思惑からだった。田舎の若者が、米俵を軽々担ぎ上げて、甲種合格となる中、三島が抱えようとした米俵は、微動だにせず、周囲の失笑をかったが、案に相違して、検査の結果は、第二乙種合格だった。兵隊がそれほど不足していたのだ。

いよいよ三島にも召集令状が下って、入隊検査を受けるべく、本籍地に向かった。このときは、梓が付き添った。折から三島は発熱し、検査のため裸になると、余計に具合が悪くなった。ゼーゼー荒い息をついているのを、診察した医者が、結核の初期である肺浸潤と誤診した。間一髪、入隊を免れた三島と父梓は、小躍りするように連隊の兵舎から、駅まで駆け続けたという。

「一死報国」とか「一億玉砕」という言葉に踊らされていた一般庶民の意識とは、およそ程遠く、多少の不名誉を被ろうと、命を守る方が大事というドライな利己主義を、この親子は共有していた。

文学も捨てられない一方、父親が求めた道にすっかり背くこともできなかった三島は、東京帝国大学法学部の学生として高等文官試験の準備をしつつ、同時に処女作『花ざかりの森』の出版に向けて、積極的な画策を続けていた。梓にはなく、三島にはあった行動力という特性は、むしろ祖父から受け継いだものだったかもしれない。三島は結局作家として身を立てるめどが立たないまま、大蔵省に入省する。

だが、三島は作家としての将来を捨てる気はなかった。意思の力で、深夜まで執筆し、翌朝早く起床して、登庁するという生活を続けるわが子に、梓は、不安を覚え始める。ひ弱なわが子の体がもたないのではないかと危惧したのだ。ついに、梓は、わが子が役所を辞めることを許す。その代わり日本一の作家になるという条件付きだった。三島はわずか九か月の在職で、大蔵省を去ることになる。

その後、勤勉と努力により、三島は父親との約束を果たすが、同時に、父親の与えたプレッシャーは、常に三島を一番でなければならないという強迫観念へと追い詰めることになる。

後に三島が自決したとき、梓は、わが子の振る舞いが理解できずに、困惑したという。まさか自分のかかわりが、いつのまにかわが子に、死への片道切符を手渡していたとは、思いもしなかったのだろう。

三島のように徴兵を免れることは、通過儀礼の恐怖から逃げ出した臆病者という目で世間から見られかねなかった。それでも、小躍りして逃げ帰ったのは、日本が敗《ま》けるということを知っていて、戦争に行っても犬死するだけだという思いがあったからだろうし、父子とも愛国心よりも利己心の方が勝っていたからだろう。自己愛の権化とも言うべき三島の価値観からすれば、当然のことだっただろう。

母子どころか、祖母孫の自己愛的な癒着の中で育った三島に欠けていたものは、父性の関与だった。梓は、母親の夏子に頭が上がらず、わが子さえ母親から取り戻せなかったのだから、父性などまったく機能していなかったと言っていいだろう。そうしたぬるま湯で育った三島が、軍隊などというところに、怖気をふるうのも当然だ。

もっとも、息子が戦争に行かないで済んだことに息子以上に喜んだ父親は、所詮息子の尊敬の対象ではなかった。しかし、そんな存在感の乏しい父親にさえ、三島は逆らい切れなかった。父親の望むように、東京帝大法学部に進み、大蔵省に入った。拍子抜けするほど従順だったのだ。

とは言え、彼の中に、この通過儀礼を回避したまま戦後を迎え、文化人として生きてきたことに負い目が残ったはずだ。楯の会を結成し、若衆組を思わせる愛国集団での同性愛的な関係に没入し、ついには自衛隊への乱入と自決という最期を迎えたのには、通過儀礼をやり直し、一人前の大人として胸を張りたいという無意識の欲求が働いていたようにも思える。

J・D・サリンジャーと父ソロモン

三島由紀夫と同じような時期に、太平洋を隔てたアメリカで青春期を迎え、戦争体験をもった作家に、J・D・サリンジャーがいる。サリンジャーの場合は、三島のように学業優秀なエリートというよりも、何度も中退を繰り返した落ちこぼれだった。一方、三島が徴兵を免れて小躍りして逃げ帰ったのとは反対に、サリンジャーは自ら志願して兵士となり、その後、ノルマンジー上陸作戦を皮切りに、ヒュルトゲンやバルジの戦いといった極めて過酷で悲惨な戦争体験をすることとなった。ノルマンジー上陸作戦だけで、サリンジャーの所属した師団は、兵士の数が三分の一に減ってしまうほどの戦死者を出している。ヒュルトゲンでは、同じ連隊の兵士うち、ほとんど五人のうち四人までが亡くなっている。サリンジャーが犠牲者の一人となっていても、何の不思議もなかった。

サリンジャーは前線で激しい砲火にさらされる最中でも、原稿を持ち歩き、塹壕《ざんごう》やテントの中で、鉛筆を走らせタイプライターを叩き続けた。その点では、徴兵検査で、米俵が持ち上がらず失笑を買った三島の虚弱児ぶりとは対照的だ。

そうした違いがあったとしても、サリンジャーと父親との関係は、息子の関心や情熱を解さないという点で、三島の場合と似ていた。

サリンジャーの父親ソロモンは、食肉輸入業で成功したユダヤ人ビジネスマンだった。ソロモンの父親は、野心とバイタリティあふれる人物で、リトアニアからアメリカに渡ってきた移民だったが、ユダヤ教のラビをして稼いだ金で医学部に行き、シカゴで総合病院を開いた。

三島の場合と同様、偉大な祖父に比べると、父親ソロモンはずっと小物だった。医者にはならず、ビジネスの道に進み、妻となる女性と出会ったときは、シカゴで映画館を経営していた。

しかし、父ソロモンの映画館は、経営不振で廃館に追い込まれる。ソロモンは再起を図るべくニューヨークに出て新しい仕事に就いた。それは、ハムやチーズの輸入を扱う会社で、ソロモンは、やがてニューヨーク支社長に昇進し、その後も成功の階段を上っていく。引っ越しするたびに、マンハッタンのより高級な住宅街に居を移した。

サリンジャーの幼少年時代は、一家の上昇期に当たっていた。サリンジャーは、経済的にも愛情の面でも恵まれた環境で育ったと言えるだろう。

　最後にサリンジャー一家が住むことになるパークアベニューのアパートは、セントラルパークを見下ろす好立地にあり、メトロポリタン美術館にも歩いていけた。『キャッチャー・イン・ザ・ライ（ライ麦畑でつかまえて）』のラスト・シーンに登場するセントラルパークのメリーゴーランドも、自宅から目と鼻の先の距離にある、サリンジャーにとっては親しみ深いものだった。

　夫妻は、娘ドリーを授かって以降、妊娠するたびに流産を繰り返した。八年ぶりに、難産の末、ようやく生まれてきた息子ジェローム（作家サリンジャーのファースト・ネーム）は、まさに夫妻にとって待望の子だった。夫妻は、わが子を「坊や《サニー》」と呼んで、とても可愛がった。

　ことに、母親のミリアムは、息子を甘やかした。一家を牛耳っているのは母親のミリアムだった。ミリアムには過敏で傷つきやすいところがあり、思い通りにならないと激しいヒステリーを起こすので、ソロモンは妻に逆らえなかった。ありがちなことだが、ミリアムは、夫に依存している一方で、不満や怒りを夫にぶつけたのだ。

　ソロモンは、その点を心得て、波風が立たないように振る舞ったので、おおむね一家は平和だった。ミリアムは息子を独占し、息子も母親に特別な絆を抱くようになった。ミリアムはわが子が偉大な人物になると固く信じ、その信念は、やがて息子本人にも乗り移るようになった。

母親と息子の深い結びつきからすると、父親のソロモンは完全な脇役だった。もう少し大きくなり、息子が文学に目覚めると、三島の父親平岡梓同様、ソロモンは、息子の情熱がまるで理解できなかった。飯の足しにもならないことと嘲笑《あざわら》ったのだ。もっと良い教育を受けさせようと、息子を公立学校から、私立のマックバーニー校に転校させたり、軍隊式の夏季キャンプに参加させたりしたが、父親の思惑とは裏腹に、息子の関心は、勉強よりも演劇や文学に向かうばかりだった。注意散漫な息子はついには、成績不振のため、マックバーニー校を退学となってしまう。背伸びした転校が裏目に出たのだ。繰り返されるドロップアウトの始まりだった。

俳優になりたいので演劇を学びたいという息子の希望を、ソロモンはたわごととしか受け取らず、一言のもとに拒否した。こんな体たらくの原因は、すべて妻が甘やかしたせいだと結論づけたソロモンは、息子を母親から切り離し、厳しい規律のもとで鍛え直すことが必要だと考えた。今度ばかりは、ミリアムも夫の意向に逆らえなかった。

こうして十六歳のサリンジャーは、ヴァレーフォージ軍学校という士官養成学校に送り込まれることとなった。軍隊式というより、文字通り軍隊の訓練を行う学校であり、生徒は連隊に所属する学生士官として扱われた。もちろん完全寄宿制で、母親に助けを求めることもできなかった。

この環境の激変は、サリンジャーにとって大きな試練だった。彼にとって不利だったことに、ニューヨークからやってきた、プライドばかり高い、非力な少年に、他の少年は拒否反応を示した。誰にも相手にされず、孤立したサリンジャーは、自分が変わるしかないという状況に置かれる。さもなければ、ヘッセのように精神を病んでいただろう。幸いと言うべきか、サリンジャーは急速に新たな環境に順応していった。プライドを捨てて、周囲に溶け込んでいくと、仲間や親友を獲得していった。

意外にも、枠組みの厳しい環境は、サリンジャーのパフォーマンスを改善した。成績は飛躍的に伸びたし、学内活動やスポーツにも積極的に取り組んだ。この軍学校で学んだ二年間は、サリンジャーにとって唯一成功した学校教育であり、唯一卒業まで在学した学校生活でもあった。

ただし、演劇や文学から遠ざけようという父親の思惑は、大外れに終わる。サリンジャーは演劇クラブで大活躍し、学校の年鑑の編集委員を務め、原稿を書きまくった。作家サリンジャーは、この学校で誕生したとも言えるほどだ。しかも、彼の代表作である『キャッチャー・イン・ザ・ライ』は、この軍学校での生活とそこからの逃避行の物語であり、この軍学校での体験がなければ、誕生することはなかった。父親の無理解が、その意図するところとは正反対なところで、思いがけない成果を生んだと言える。

ヴァレーフォージを卒業すると、サリンジャーはニューヨーク大学ワシントンスクエア校に入学登録し、文学を学ぼうとする。彼の志望にぴったりのはずの環境は、皮肉にもうまく機能しなかった。サリンジャーは自堕落な生活に戻り、講義にも出なくなり、単位が取れる見込みもなくなって、結局半年で中退してしまったのだ。

息子の学業での挫折は、父親ソロモンにとって、格好の介入の機会だった。父親は、それみたことかと、息子を実業の世界に引っ張り込もうとする。といっても、ただ父親の仕事を手伝えというのでは、従う息子ではない。

ソロモンは一計を案じ、息子の気を惹《ひ》きそうな提案をする。ヨーロッパに行かないかというのだ。ウィーンには重要な取引先があり、そこで働きながら、語学を磨いたり、見聞を広めてはどうかというわけだ。行き詰りを感じていたサリンジャーは父親の提案に乗った。ウィーンに渡り、ユダヤ人街に居を定めたサリンジャーは、下宿していた家の娘と恋におちる。折しも、この年、ナチスはオーストリアに侵攻し、第二次世界大戦が始まろうとしていた。この一家も娘も、ホロコーストの犠牲となる運命にあった。サリンジャーは、その悲しい恋を長く引きずることになる。

サリンジャーは、別の取引先のあるポーランドに移り、食肉加工の仕事を手伝わされることになるが、仕事の内容は、端的に言えば、豚を殺すことだった。ポーランド滞在中、第二次大戦が勃発したため、サリンジャーは慌ただしくアメリカに帰国することとなる。

帰国後、サリンジャーは、アーサイナス大学やコロンビア大学で文学や創作を学びながら、職業作家を目指すこととなる。母親は賛成してくれたが、父親は反対だった。しかし、サリンジャーは意に介さず、自分の道を進み始めていた。父親から反対されるという状況で、サリンジャーの父親役ともいえる存在だったのは、コロンビア大学で短編小説の創作を教えていたウィット・バーネットだった。編集者でもあるバーネットは、サリンジャーの才能を認め、その創作を励まし続ける。

父親は反対し、わが子に否を唱える存在だ。そうすることで、世の中の厳しさや現実の厳しさを教えるという役割をもつ。父親が子どもに愛されようと思い、自分が言うべきことを遠慮したりすれば、それはそれで問題なのだ。

サリンジャーの例が示すように、すべての面で自分の意に沿う環境が、必ずしもその子を育てるとは限らない。規制や規律があった方が、成果が出るという場合もある。乏しい環境の方が、貪欲に求めるということも多い。

父親は制限や試練を与え、不足や不自由や困難を生むことで、子どもを社会で通用する人間に鍛え、自立を促すという働きをもつ。

サリンジャーの父親は、息子から母親ほど愛されず、むしろ煙たがられたが、結果的に息子が社会から認められた作家となるうえで、反動形成という仕方で貢献したとも言える。

父と娘では少し事情が違う

エディプス・コンプレックスとして語られる父親と子どものライバル関係は、男の子でも女の子でも認められるものだが、その表れ方は、息子か娘かで異なってくる。やはり息子との間で、強く表れやすいのだ。

あくまで全体的に見た話だが、父親は娘に対して甘く、息子に対して厳しい態度をとる傾向がみられる。特に最初にできた娘に対して、父親は強い愛着をもつことが多いようだ。逆に母親は、最初にできた息子を特別扱いしやすい。

ユングは、娘が父親を独占しようとして、母親に対して抱くライバル意識を、父親を裏切った母親に復讐《ふくしゅう》する王女エレクトラの伝説にちなんで「エレクトラ・コンプレックス」と呼んだが、母親よりも父親に愛着が強く、父親に同一化しようとするケースでは、こうした力動が強まりやすい。逆に言えば、そうした女性では、母親との愛着が不安定だということであり、母親から十全な愛を与えられていないことが多い。

父親の役割が、子どもを家から追い出し、自立させることにあるとすると、母親を排除した父娘の密着も、本来の役割から逸脱することになる。娘に頼る父親、娘に女房役を求める父親、娘を手放したがらない父親も、そうした点では、本来の役割を踏み外す危険がある。偉大な父親だろうと、横暴で身勝手な父親だろうと、娘に面倒をみさせる父親だろうと、娘を自分のもとに足止めしてしまっては、娘の自立を阻んだという点では同罪になってしまう。

その最悪のものが性的虐待のケースだ。そこで父親は、妻の役割を娘に求めているのだが、そうした父親にしか頼れないという状況が重なっていることが多く、忌まわしい依存関係から抜け出すことを困難にする。ときには、母親の身代わりを務め、父親を取り戻したいという娘の願望が、未熟な父親によって悪用されている場合もある。父親となった娘は、その傷を長く引きずるとともに、同じように依存的で、過度に自己犠牲的な献身を繰り返しやすい。

母親の身代わりになった少女

麻美（仮名）の父親は画家だった。父親の弟子だったのが母で、二人は結ばれ、麻美が生まれたのだ。しかし、幸せは長くは続かなかった。麻美の妊娠中から、父親は、他の女性に手を出していた。父親が手を出すのは、大抵、女の弟子や身の回りの世話をする女性だった。父親は、欲望に取りつかれると、それを抑えるような人間ではなかった。

父親の浮気癖に嫌気がさした母は、四歳の麻美を残して家を出てしまう。不幸だったのは、生活力のない母が、麻美を連れて行かず、父親のもとに残す選択をしたことだった。その頃は、バブル景気の頃だったこともあって、父親の絵も高い値段でよく売れていた。父親はアトリエのある大きな家を構え、麻美の世話は、父親の新しい女に委ねられた。といっても、一、二年もすると、また新しい女と入れ替わるのだが。

小学二年生のときだった。夜トイレに起きると、女の苦しげな声がするので、部屋を覗《のぞ》くと、あられもない姿の女が、父親に組み敷かれていた。早熟だった麻美には、それがセックスだということがわかった。

それから、麻美は、二人の寝室で寝たいと言いだした。父も女も気づいていなかったが、麻美のひそかな意図を知ったら驚いただろう。麻美は、二人のセックスする姿を見たかったのだ。が同時に、女だけが、父親にいいことをしてもらうことに嫉妬する感情も混じっていた。

うまくいくと、麻美は、二人の寝室で寝させてもらえた。父と女は毎晩のようにセックスした。二人の息遣いを聞きながら、横目で、そのいやらしい動きを見た。麻美は興奮を感じながら、自分も早く大きくなって、こんなことをしたいと思った。

しかし、バブルが崩壊し、景気が悪くなると、父親の羽振りにも陰りがさしてきた。父親は深酒するようになり、よく女とも口論していた。金の切れ目が縁の切れ目だったのかもしれない。ある日、女は、落ち目の父親を捨て、別の若い弟子と駆け落ちしてしまったのだ。父親はひどくうろたえたが、小学五年生になっていた麻美は、嬉しかった。女が父を愛していないことは、前から感じていたし、父親を取り戻せたような気がしたのだ。

麻美は台所に立ち、家事をし、父親の水割りまで作った。泣いている父親を慰めたこともあった。酔った父親が麻美を求めてきたとき、抵抗もしなかった。あまりの激痛に涙が出た。それでも麻美は嬉しかった。父親を慰め、喜ばせることが自分の役割だと思っていたのだ。

しかし、新しい愛人ができると、父親は麻美に対して、また元の父親として接するようになった。麻美は捨てられたと思い、傷ついた。中学生だった麻美は、家を飛び出した。優しい声をかけてくれる男なら、誰にでもついていった。そんな生活が一年ほど続いたとき、麻美は保護され、虞犯《ぐはん》として施設に送られた。

麻美が施設に送られたのは、父親から性的虐待を受けていたことが重視され、父親から保護する目的もあってのことだった。麻美は、自分が性的虐待の犠牲者だと教えられ、施設の職員たちは、父親のしたことをひどいことのように言った。しかし、麻美は、父親のことを悪く言う教官に反発した。そして、最後には口をつぐみ、肝心なことは何も話さなくなった。どうせ何もわかってはくれないからだ。

麻美は、母親に引受人になってもらって、社会に戻った。その後、麻美は父親から距離を取るようになり、母親との関係も、以前より身近なものとなったが、麻美が本当に求めているのは、母親ではなく父親だった。施設の職員が言うように、そんな自分は父親から支配されているだけなのかと思うこともあったが、それは支配という単純な言葉で言い表せるものではなかった。

その後の麻美の人生は、男に尽くし、裏切られることの連続だった。損な人生と思わないでもないが、それ以外の生き方を麻美は知らないのだった。

麻美は父親に優しかった。父親がガンで亡くなったとき、どの女からも見捨てられた父親を、最期まで世話したのも、麻美だった。

父親から性的虐待を受けた娘の多くは、身に受けた非道な仕打ちにもかかわらず、父親を憎むことができない。父親に我が身を差し出していたときの自分を、完全に捨て去り、否定することができない。それは第三者の目から見れば、ひどい虐待でしかないのだが、犠牲となった娘は、そうは思えないのだ。

父親の仕返しが怖いというよりも、むしろ父親を気遣い、自分なしで父親が大丈夫なのかと、案じる。第三者は、父親からマインドコントロールされているだけだ、早く目を覚ましなさいと、もどかしさを覚えることも多い。しかし、それは娘にとって感じられている現実ではないのだ。なぜか。

それは、娘には母親代わり、父親の妻という役を務めているという意識があったからだ。それによって、自分が一つの大切な役割を果たしているという気持ちがあったからだ。その部分を理解せず、あなたはただ騙《だま》されていただけだ、利用されているだけだ、ひどい仕打ちを受けているだけだと、〝改心〟を迫っても、心の底から受け入れられることはない。

その前に、彼女が抱えていた淋しさ、母親に愛されなかった状況、母親代わりをすることで、父親から愛されるということに救いを見出していた過酷な状況を受け止め、共感する必要があるのだ。そうして初めて、その異常な状況を、客観的に振り返ることもできるようになる。

新たなエディプス状況と見捨てられ抑うつ

エディプスなき時代に入ったと述べたが、その一方で、現代には、本来の形とは違った形で、エディプス状況が生じやすくなっている。それは、母親の再婚や彼氏の登場によって起きる。

本来のエディプス状況では、それまでも一緒に暮らしていた父親が、母親をめぐってライバルとなるのだが、再婚や恋人の出現による場合には、もっと唐突な侵入者として子どもと母親の間に割り込んでくる。優先権をもつはずの子どもは、後から来た〝狡《ずる》い〟大人によって押しのけられ、今まで占めていた独占的な地位を失うことになる。これは、子どもにとって、極めて理不尽な状況だと言えるだろう。

こうした状況は、動物の世界ではもっと頻繁に起きる。父親と母親の間柄は、発情期ごとに移ろう関係であり、次の発情期を迎えると、発情したオスが母親に接近してくる。オスは母親にしか関心がなく、子どもは邪魔物にすぎない。実際、子どもに対して威嚇したり、暴力を加え、殺してしまうことも少なくない。子どもからすると完全な侵入者だし、母親の略奪者だ。母親を取り戻そうと、立ち向かおうとする子どももいるが、とても敵《かな》う相手ではない。発情したオスは、とても危険で、一撃を食らうと傷つけられたり、殺されたりしかねない。結局諦めて、子どもは母親とオスとの情交の場面を遠巻きに見ているか、新たな生活を求めて、母親のもとを離れるほかない。

もちろん、カモフラージュされた形ではあるが、深層心理のレベルでは、それと似た状況が、新しい父親がやってきた子どもの心の中に生じる。これまで一緒に暮らし、愛着や尊敬を抱いていた父親であれば、母親を父親のものとして諦め、葛藤を乗り越え、気持ちの折り合いをつけやすいが、後から現れた闖入者《ちんにゅうしゃ》に、自分の地位を譲らなければならないとなると、その葛藤や反発は、もっと激しいものとなる。

これはエディプス状況を克服できないことにつながる。母親との楽園の時代への執着と、第三の存在に対する不信感を引きずり続けることになる。こうしたケースにしばしばみられるのが、見捨てられ不安や過剰なまでの独占欲だ。

京香（仮名）の母親は、京香が二歳の頃に離婚し、彼女をひきとった。実の父親の記憶はほとんどない。祖母は口うるさかったが、母親は優しかった。小学四年のとき、母親が再婚した。父さんと呼びなさいと言われたが、頑なに拒否した。家にいるのが嫌で、夜遊びや外泊が増えた。援助交際をしたこともある。高校を中退すると、風俗で働きだした。妊娠して、娘が生まれた。責任を取ると言って、結婚した男とは、すぐ別れた。その後も、何人かの男と付き合ったが、最初はラブラブでうまくいっていても、すぐにぎくしゃくしてしまう。彼が他の女性の方を見たりするだけで、やきもちを妬《や》いてしまう。いきなり平手打ちをくらわしたり、口を利かなくなってしまう。相手は理由がわからず困惑し、怒りだす。「どうせ私なんか捨てるくせに」と言って、相手を罵《ののし》ってしまう。そして、その言葉通り、どの男も京香に愛想がつきて、いなくなってしまうのだ。

このケースの場合は、母親を義父に奪われるという体験をすることによって、愛する存在との完全な関係を求めようとする飢餓感が強まり、過剰な嫉妬心や見捨てられ不安が強まっていた。その背景には、父親の不在によって母親を卒業することができず、母子融合が続いていたということがある。

ときには母親が、彼氏をめぐって娘をライバル視するということも起きる。そうなると、母親はもはや母親ではなく、一人の女でしかない。そうした体験をした人では、誰に対しても安定した信頼関係がもてなくなるだけでなく、自分の中の女という存在に対しても、肯定的なイメージをもつことができなくなる。それは、幸せな愛情生活を営むことを困難にする。

戦後の社会構造の変化とともに、父権が弱まる中で、エディプス・コンプレックスは、かつてのような重要な意味を失っていると、精神分析に携わる専門家さえも考えるようになっている。それはもはや人格の核を成すものではないと考える専門家もいる。しかし、子どもが母子分離を成し遂げ、社会に溶け込んでいくうえで、父親の役割はやはり重要だと考える専門家が多い。父親とのエディプス的な葛藤をうまく乗り越えることは、独占的な二者関係ではなく、バランスの良い三者関係をもつうえで、とても重要なステップなのだ。そのためには父親との葛藤が強まる前の、ごく幼い段階から、父親と良好で安定した関係を結ぶことが助けになると考えられている。そうした関係を基盤として、父親は、いわば社会へのファシリテーター役となり、子どもを母親の膝元から外界へと導くのである。

第3章

自我理想としての父親

ライバルから目標へ

四歳頃、エディプス段階に入った子どもは、父親と、母親の関心や愛情をめぐってライバル関係に入る。母親の恋人としての地位を、父親と争うわけだ。

ライバル関係が意識されるようになると次第に次の段階が現れる。父親に対して恐怖をもつ段階だ。このとき、子どもにとって父親は万能の、とても敵わない存在として映り、それゆえ、母親を独占したいという願望を諦めざるを得ないと悟る。この段階が、子どもの幼い願望を卒業させ、つぎの段階に向かわせるうえで不可欠だと考えられている。

そして、次に到達する新たな段階は、父親という理想像に同一化し、父親のようになろうとする段階だ。そうすることで、父親に対する恐怖や敵意を克服し、むしろポジティブな目標として、父親を受け入れることができる。

近年の研究によると、この父親に対する同一化は、エディプス・コンプレックスが強まる四歳頃よりも前から始まるとされる。この段階で、父親を好ましい存在として受け入れ、肯定的な愛着を形成することができると、母子分離の過程がスムーズに進む。

ところが、この橋渡し役の父親が不在だったり、いても親密な愛着が結べず、理想化、同一化がうまくいかないと、このプロセスがうまく進まず、母親から離れ、自立していくことができない。母親にべったりのままにとどまり、次のエディプス段階がより過酷なものとなり、父親に対する恐れが強まり、ひいては他者全般や外界に対する恐れを強くもつことになる。

精神分析の関心は、エディプス・コンプレックスに偏りがちだが、父親との葛藤を克服するということ以上に、重要なのは、子ども、ことに息子は父親を通して、社会で生きていく技を学ぶということだ。

その場合、子どもが社会適応を学んでいくうえにおいて、重要な手段の一つが同一化だ。子どもは理想化した相手に自分を同一化し、その一挙手一投足を真似、喋り方や感情的な反応の仕方までコピーし、取り込んでいく。

実際、この年代の子どもは、父親のしていることを真似ようとする。

父親が車を洗い始めたら、自分も洗いたがる。父親がのこぎりを挽《ひ》くと、自分ものこぎりを使いたがる。それは、父親に同一化しているということであり、よい兆候だ。そのとき、子どもの父親と同じことをしたいという欲求を十分に受け止め、満たしてやることが、外に向かおうとする意欲を、現実的な力にすることができる。母親との楽園から離れ、社会という現実の仕組みに入って行くことができる。

ただし、この同一化のプロセスは、まさにコピー・プロセスであり、良いところも悪いところも関係ない。同一化が起きると、父親の良い特徴だけでなく、悪い特徴も取り込まれ、似た特性を示すようになる。もともとその子がもっているものを超えて、同一化の影響は及ぶとされる。

アーネスト・ヘミングウェイと父エド

作家アーネスト・ヘミングウェイの父親クラレンス・エドマンズ、通称エドは、産科医だった。エドの父親は不動産業で成功した人物で、シカゴ郊外の高級住宅街に大きな邸を構えて暮らしていた。同じ高級住宅街の通りを挟んだ向かいに住んでいたのが、食卓用刃物の事業で成功したホール家で、その長女が、後にエドの妻となるグレースだった。

グレースは、みごとな歌声をもつ、魅力的な令嬢だったが、とても甘やかされて育った、わがままな娘でもあった。見た目も華やかで、派手好きで、プライドの高いグレースと、地味で神経質で、生真面目なエドは、まったく正反対な性格の持ち主だとも言えた。

だが、エドは思いを貫き、何度も求婚した末に、ついにグレースを妻に迎える。結婚の条件として、エドは家事をしろとは一切言わないことを約束させられていた。その約束通りに、エドは、王女さまのような女性に尽くすことになる。

必然的に、二人の暮らしは、妻のグレースを中心に回ることになった。エドは脇役に徹し、オペラ歌手として、マディソン・スクエア・ガーデンの舞台でデビューを飾ったこともある妻に好きなようにさせる。そんな華やかな世界を知るグレースにとって、家事や子育ては退屈な代物で、家庭の雑事にはまったく無関心だった。料理の腕はお粗末なもので、エドの方がずっと上手だった。エドは文句も言わずに、勤務医や兼任している嘱託医としての激務をこなしながら、家事や育児を行い、食料品の調達までやっていた。毎日朝食を作り、子どもたちに食べさせるのも、それをまだベッドで寝ている妻のところに運んでやるのも、エドの日課だった。

妻はオムツを替えることさえ嫌がった。妻に不満を言ったところで、激しい反発が返ってくるだけだった。争いを好まないエドは、黙って耐えることを選んだ。

勤勉で、責任感が強く、ストイックなエドは、有能な産科医だっただけでなく、周囲からの人望もあり、後には医師会の会長などを務めることになるが、妻にだけは頭が上がらなかった。

グレースの父親が亡くなると、彼女は相当な遺産を相続し、巨大な音楽室付きの豪邸を建てた。エドも、自分用の部屋をあてがわれてはいたが、それまで大切に収集していた品々を、新居に持ち込むことは許されなかった。

エドは、インディアンのスー族に興味をもち、トマホークや矢じりといった戦利品をコレクションしていたのだが、引っ越しの日に、グレースは、夫の大切なコレクションを焼いてしまった。それでもエドは抗議もせず、黙って耐えていたという。

グレースは、女の子を強く望んでいたので、生まれた子どもが息子だったことに失望した。彼女は、諦めきれず、五歳まで女の子の恰好をさせて育てた。マッチョな男性というイメージを売りにした作家ヘミングウェイは、母親が行った仕打ちを許しがたいと感じ、終生根にもちつづけた。

父親エドは、妻とは対照的に、社交界の華やかさよりも、自然や歴史的な遺物に関心があり、釣りや狩猟に楽しみを見出した。エドは、よく長男のアーネストを伴って、釣りや狩猟に出かけた。母親は、夫の野蛮な趣味を嫌ったが、後に息子が受け継ぐことになったのは、音楽や絵画鑑賞といった母親の優雅な趣味ではなく、父親の残忍な趣味の方だった。

男の子のアーネストとしては、母親よりも父親に同一化の対象を見出したことは、健全だったと言えるだろう。

しかし、エドには、まったく芸術や文学の趣味はなく、楽しみのために本を読むこともなかった。息子が読書を好むことを知ると、家政婦に本を片づけさせ、息子が夜こっそり読書しないようにしたほどだ。アーネストは反発したが、父親も強情だった。父親は、否を言うことで、父親としての役割を果たした。アーネストは仕方なく、本を秘密の隠し場所に隠すことで応じた。

さらに成長すると、作家志望の息子は、母親と次第に激しく対立するようになる。常識的な価値観に縛られたグレースは、息子の生活を、満足な収入もなく、自堕落な生活に明け暮れているだけだとしか評価しなかった。それに対して父親のエドは、距離を取った態度をとり、母親のように息子を感情的に拒否することはせず、ただ黙って妻の味方をした。

妻の言いなりになっただけとも受け取れるが、別の見方をすれば、妻の不満を受け止めることで、母親の支配から息子を解放してやったとも言える。

おかげで息子は、後顧の憂いなく、特派員として仕事をしながら、作家修業を積むことができた。その頃を支えたのは最初の妻ハドリーだったが、彼女はヘミングウェイよりも八歳年上で、明らかにヘミングウェイは、母親代わりを求めていた。しかし、二人の関係は、ヘミングウェイの浮気によって終焉《しゆうえん》することとなる。

ヘミングウェイが出世作『日はまた昇る』で、作家として最初の成功を収めたのは、彼が二十六歳のときのことだった。その印税のすべては、それまで彼を支えてくれたハドリーに慰謝料として支払われることとなっていた。ハドリーとの離婚が成立すると、ヘミングウェイは、二番目の妻ポーリンと急ぎ足に結婚した。というのも、ポーリンはすでに彼の子を身ごもっていたからだ。ヘミングウェイは、生活のために次の作品を書かねばならなかった。

ポーリンの出産を父親に相談すると、自分が取り上げようという返事が来たので、ヘミングウェイは喜んだ。成功した今、ヘミングウェイは、家族との和解の機会を探っていたのだ。

だが、その後、父親から急に音沙汰がなくなる。実はその頃、父親のエドは窮地に陥っていた。妻はすでに遺産を食い潰《つぶ》し、勤務医の給料で贅沢に慣れた妻との暮らしを支えるのには土台無理があり、家計は破産状態に追い込まれていた。内情を妻に打ち明けることもできず、エドは一人で悩んでいた。しかも、糖尿病が悪化し、足に痛みが襲うようになっていた。壊疽《えそ》になって、足を切断するようなことになれば、もう医師として働くこともできない。そうした思いが、エドを余計に絶望的にさせた。

自分が死ねば、保険金が妻に支払われることになっていた。十二月のある日、地下室でプライベートな書類を燃やしたエドは、二階の寝室でこめかみを撃ち抜いて自殺した。

父の訃報を、ヘミングウェイは、ニューヨークからフロリダに向かう途中で受け取った。ハドリーとの間にできた息子と、休暇を過ごす予定だったのだ。ヘミングウェイは、急遽《きゆうきよ》夜行列車でシカゴに向かう。後に母親が亡くなったときには、葬儀にさえ参列しなかったのとは対照的だ。そこで、久しぶりに母親や弟と再会する。

父親の死と家族の悲しみは、一時的に母親との間にできた溝を小さくする。家長となったヘミングウェイは、父親に代わって遺《のこ》された者を支えねばならないという思いをもつ。そして、母親に仕送りすることを約束する。母親は、夫の死によって保険金を得たうえに、息子から相当額の仕送りを約束してもらい、貧乏な暮らしに陥らずに済んだ。

母親からの感謝の手紙に、ヘミングウェイもまんざらでもない気持ちだった。

しかし、ヘミングウェイが『武器よさらば』で、経済的にも大成功を収めるのは、父の死から四年後のことだ。当面は苦しい懐から、母親に仕送りをしなければならなかった。

時間が経つにつれて、ヘミングウェイは母親に対して嫌悪感と憎しみを抱くようになる。考えれば考えるほど、父親の自殺の原因が、母親にあったように思えてくるのだ。父親の死亡保険金を受け取っていながら、母親が息子からの仕送りを貰《もら》い続けたことも、不信感となった。ヘミングウェイは母親に対し、憎悪をむき出しにした態度をとるようになる。「老いぼれの雌犬」と罵ることさえあった。一方、父親に対しては敬愛の情をもち、自殺の痛手を引きずり続けた。

ヘミングウェイのケースは、子育てにも無関心な自己愛的な母親との間に、安定した愛着が結ばれなかったケースであるとともに、父親との関係という観点からその人生を見ていくと、父親に同一化した幼い頃の楽園の日々を取り戻そうと、こだわり続けた人生でもあった。

辛抱強い父親は、息子と自己愛的な母親の間にいて、息子が母親の支配に呑み込まれてしまうことから、命を張って守ってくれたとも言える。父親の自殺という痛ましい結末は、息子に、自分も父親と同じように家族を支えようという犠牲的精神を呼び覚ます。これもまた、父親に同一化しようとする無意識の衝動の表れだっただろう。しかし、父親というクッションがなくなったことで、母親の身勝手さが直接的に息子の負担となったとき、その関係は、救いのないものに変質していった。最後には、父親という尊敬すべき理想化対象を死に追いやった最悪の人間として、憎しみの対象となった。

結局、父親の死から三十三年ほど後、ヘミングウェイも自らに向けてライフル銃の引き金をひき、生涯を閉じることとなる。世界的なベストセラー作家という名声もノーベル賞の栄光も、死を思いとどまらせることはできなかった。

父親に比べると、はるかに自由奔放にその人生を生きたかに見えるヘミングウェイだが、こうして見ていくと、多くのものを父親から受け継ぎ、よく似たものに縛られていることがわかる。アウトドアや自然を愛する点も、愛した女に仕え、そのために大きすぎる犠牲を払ってしまう律儀な点も。また、何もかも一人で背負い込んでしまい、最後には自分に刃を向けてしまった自己破壊的な一面も。それらは、一部には遺伝的に受け継がれたものだろうが、父親に同一化し、良い点も悪い点も、知らずしらず身につけ、コピーしてしまった結果だったかもしれない。

圧制者から救済者へ

男の子は、母親をめぐり、父親との間にエディプス的葛藤を抱えるようになると、父親に対して恐れを抱くようになる。父親は子どもの野放図な欲望を禁じ、抑えこむ強力な権力者、圧制者と感じられる。父親は、到底かないっこない、恐ろしい存在だ。

こうした父親との葛藤を、子どもは、強い父親に同一化することで、乗り越えようとする。父親を尊敬し、自分自身が、父親のようになろうとすることで、父親を愛したいのに父親を恐れ、なきものにしようと願っているという葛藤に、一つの解決を与えるのだ。

しかし、父親に同一化し続けることも、独立したアイデンティティを手に入れることにはならない。思春期になり、自己確立の道へと踏み出さねばならなくなったとき、男の子は、父親に同一化するという段階から、次の段階へと移る。子どもは父親から距離を取り、自分独自のアイデンティティを手に入れようとする。父親に対して反発するようになり、父親が自分の意見を押し付けようとすると、その反発は激しさを増す。

まともにぶつかると、角突き合わすことになりかねないので、それを避けるためにも、子どもは父親と距離を取ろうとする。父親もまた、子どもと距離を取る。それは、互いの思いやりの結果でもある。

この時期、母親との関係も、新たな段階に入る。性に目覚め、男になろうとしている息子は、母親の言いなりになることに、本能的とも言える抵抗を示すようになる。母親が何か口を挟んだり、指示するだけで、生理的な反発を覚える。母親に呑み込まれ、支配されることに、強い拒絶反応が起きるのだ。

これは、母親との共生から脱するための不可欠なエネルギーを生み、自分のもとにとどめようとする母親の触手を振りほどいて、自立しようとする。

この段階において、父親は、幼い頃とは、まったく違った役割で、息子の自立を助ける。つまり、母親と息子の間にいて、息子を母親から解放するのを手伝うのだ。父親は、母親の支配からの解放者、救済者としての役割を果たすことになる。

息子にしがみつき、手放したがらない母親が、その思いを断ち、息子を自由の身にするためには、父親が防波堤となる必要があるのだが、父親が防波堤として機能するためには、父親と母親との関係が恒常性をもったものとして維持されるとともに、わが子の巣立ちの淋しさを共有し、その自立を共に喜ぶ方向に、気持ちが切り替わっていく必要がある。父親がいることで、そのプロセスは円滑に進みやすくなる。父親が母親のそばにいてくれることで、子どもは安心して母親から離れ、自立していくことができる。

こうした父親の役割に、この段階の子どもは、まったく気づかない。しかし、うまく母親から離れ、自立を遂げた子どもは、父親に対して敵対する気持ちではなく、ある種の友情、仲間意識とも言うべき親愛の気持ちをもつようになる。

こうした筋書を念頭に置いて、家族のドラマを見ていくと、父親が陰で果たしているもう一つの役割が見えてくる。それは、言うまでもなく、母親からの解放者という役割だ。先のヘミングウェイ父子の場合にも、そのことは当てはまる。

偉大過ぎる父親

父親の不在も子どもの心の成長や安定にとって試練を与えるが、父親の過剰な存在もまた、子どものバランスの良い成長を歪め、健全な成熟を損なう。子どもの心に、父親が過剰な存在感をもつ場合にも、さまざまな場合があるが、その典型的な状況の一つは、偉大な父親の支配から逃れられないケースだ。

子どもは、父親を愛し、父親に愛されることを願うがゆえに、父親を理想像として仰ぎ、その価値観や行動を、手本として取り込み、父親の期待に応えようとする。しかし、父親の存在や期待が大き過ぎるとき、子どもは応えることができず、父親という手本は重荷になる。

子どもは父親の偉大さやパワーというものに同一化し、それを取り込む一方、父親とは違う独自の自分を確立していかねばならない。父親が理想像として貧弱過ぎ、失望の対象でしかないとき、その子は他者に対する尊敬や自分に対する尊敬を育みにくく、冷笑的で、ニヒリスティックな人格になる。偉大な価値を信じ、それに向かって強い意志で進んでいくというエネルギーをもつことができない。しかし、逆に父親が偉大過ぎ、その存在の大きさを乗り越えられないと、同一化が思春期以降も続いてしまい、父親という縛りから抜け出せなくなってしまう。それは自己確立の道を困難にする。

そうした悲劇を防ぐためには、父親はわが子から身を引き、距離を取ってわが子に主体的な自由を与える必要がある。しかし、偉大な父親はしばしば自己愛的で、子どもにとって良い父親ではない。そうした弊害を免れる一つの方法は、父親が子どもの人生から退場することだ。

マハトマ・ガンジーと父カラムチャンド

インドを独立へと導いたマハトマ・ガンジーの父親カラムチャンド・ガンジー、通称カバ・ガンジーは、インドに五百余り存在した土侯国の一つ、ポルバンダル国の首相を務めた人物だった。父カラムチャンドは、結婚するたびに妻に先立たれ、四度結婚した。マハトマ・ガンジーは、最後の結婚で生まれた四人の子どものうち、最後に生まれた子どもだった。父親は、すでに初老の年齢で、マハトマが生まれたとき、首相の座にあった。

父親は誰からも尊敬される偉大な存在であり、息子に対しても、寛大で優しい父親だった。だが、同時に彼は短気で、戦闘的な一面ももっていて、不当な攻撃に対しては決して黙っておらず、徹底的に反撃した。清廉潔白な人柄で、私利私欲をはかり蓄財するという考えはなく、高い地位にもかかわらず、贅沢《ぜいたく》を好まなかった。とはいえ、マハトマがイギリスに留学し、恵まれた教育を受けることができたのは、言うまでもなく、父親の社会的地位と経済力があったからだ。

マハトマは、とても内気で過敏な子どもで、友達と遊ぶことも好まなかった。学校が終わると、彼はまっしぐらに家まで走って帰ったという。というのも、彼はほかの子どもと顔を合わせたり、口を利くのがいやだったからだ。

物覚えも悪く、綴《つづ》り字をよく間違えた。ことに社会性の面での発達はゆっくりだった。彼が今日生きていたら、両親は、息子が「発達障害」や「自閉症スペクトラム」

ではないかと心配したことだろう。生真面目な性格で、親や教師の言いつけは忠実に守った。自分の過ちに対して潔癖な傾向は、子どもの頃からはっきりと表れていたが、そこには父親の影響も明らかにあっただろう。

しかし、父親はマハトマを厳しく叱って育てたわけではない。逆だった。父親は子どもたちに寛容で、手を上げて叩いたことも一度もなかった。むしろ、父親は自分自身を責め、苦しむようなタイプの人物だった。

高校に進む頃には、成績も優秀になっていたが、消極的な傾向や恥ずかしがりやなところは相変わらずで、人前で緊張しやすいところや潔癖なところは、ますます強まっていた。自分が正しいことをしていないという思いにとらわれると、彼は激しく泣き、自分を責めるのだった。

マハトマが十五歳のとき、借金のできた兄を救うために、盗みを働いてしまった。罪の意識に苛《さいな》まれたマハトマは、そのことを打ち明ける手紙をしたため、父親に渡す。父親は読むと、マハトマを一言も責めるでもなく、ただ涙を落としたという。マハトマは父親の愛を感じるとともに、父を悲しませてしまったという後悔の念を強く覚え、二度とそんな真似はすまいと心に誓った。

その父親は、マハトマが高等学校の上級になった頃には、病みつくようになっていた。マハトマは、父親の看病をするため、学校が終わるとすぐに家に帰った。父親は痔疾《じしつ》に苦しんでいたが、その手当てをするのもマハトマの仕事だった。毎日足をマッサージして、父の苦しみを少しでもほぐそうと努めた。病み衰えていく父親と暮らしたことは、マハトマの心に暗い影を落とさずにはおかなかった。

マハトマが心に抱き続けた罪悪感と禁欲的態度は、父親の死にまつわる不幸な出来事によって決定的となる。マハトマは十六歳になっていた。父親の容体は、手当ての甲斐《かい》なく悪化の一途をたどっていた。

その日も、父親につきっきりで看病をし、父親の足をさすっていたが、叔父が交代してくれるというので、少し休もうと自室に下がった。

実は、マハトマにはすでに妻がいた。当時のインドの風習に従って、十三歳で結婚し、妻はすでに身重となっていた。部屋に戻ると、妻は眠っていたが、マハトマは若い欲望を抑えることができず、妻を揺り起こし、看病疲れで高ぶった神経を鎮めるように妻の体を求めた。ところが、行為の最中に、下僕が激しくドアを叩いた。父親の病状が急変したのだ。駆けつけたが、父親はすでに息をひきとっていた。

自分が欲望に溺れているときに、父親は断末魔の苦しみを味わっていたという思いが、マハトマを苛んだ。彼が後年、過酷なまでに自らに禁欲を強いるようになるのも、このつらい体験によるところが大きかった。父親に対して罪を犯したという罪悪感は、父親が偉大で、清廉な人物であったため、いっそう強まることとなった。

ガンジーが、社会正義にこだわり、社会改革とインド独立のために生涯を捧げることになる根っこには、その潔癖な性格とともに、偉大な父親の存在が不可欠な役割を果たしたと言えるだろう。しかし、それは同時に、息子ガンジーを過酷な人生へと駆り立て、最後には死へと至らしめることにもなった。それは、父という病の見えない重荷ゆえだったかもしれない。

偉大な父親は、偉大な社会活動家や思想家が生み出されるうえにおいて、しばしば欠くべからざるもののようだ。実際、偉人や偉業を成し遂げた人物には、その人が同一化しようとした尊敬すべき親がいることが多い。

子ども、特に男の子は、父親を自分のモデルとして、師として、その一挙手一投足を、関心や価値観を、意識的、無意識的に取り込んでいく。

父親が、良き師として子どもを導くことは、そう容易なことではない。熱意や愛情があればいいというものでもない。子どもにとって良き師となるためには、自らを押し出し過ぎない自己抑制と、ある種の自己犠牲が必要に思える。こうした自己抑制が失われ、親の自己満足的な押し付けが、子どもの主体性を押し潰すとき、それもまた、父という病となってしまう。

偉大な父親は、ともすると、その子を押し潰してしまいがちだ。それゆえ、その死は、その子を解放し、その子を守る場合もある。哲学者キルケゴールも、ウィトゲンシュタインも、その活発な活動期は、父親の死の直後から始まっているが、大きすぎる父親の存在が、子どもののびのびとした活力を損なっていたという場合には、父親の死後、弱っていた子どもがしっかりし、活力を取り戻すということが少なくない。偉大な父がいなくなることで、子どもを解放したのだ。

逆に、偉大な父が元気に君臨し続けるとどうなるか。子どもは痛めつけられ、病んでしまうか、反抗して家出をするか、ときには子どもの方が潰されて死んでしまう。ワンマンの父親のもとで起こりやすい悲劇だ。

息子ハリラールと父ガンジー

社会的には偉大な父親であったガンジーも、一人の父親としてはかなり問題があり、子どもたちは、ガンジーの押し付ける信条の犠牲となったと言えるほどだ。

妻子をインドに残したまま、南アフリカでのインド人労働者の劣悪な待遇改善という問題に没頭しはじめたガンジーは、三年間も妻子に会わないこともあった。しかし、子どもたちにとっては、父親と暮らすよりも、その方がましだったかもしれない。

ガンジーは、子どもたちにイギリスから押し付けられた英語を学ばせたり高等教育を受けさせるよりも、農作業や人格教育を優先すべきだと考えた。ガンジー自身はイギリスに留学したにもかかわらず、息子たちには学校にさえ通わせず、英語に触れさせまいと土着の言語であるグジャラート語で話した。そして、自分が実践していた自給自足の生活を共にさせ、毒蛇がうようよいるような土地の開墾を手伝わせた。菜食主義を押し付け、農場でとれたもの以外一切食べさせなかった。子どもがチフスで死にかけたとき、医師が栄養のあるものをとらせるように言っても、ガンジーは野菜しか食べさせなかった。

最たる犠牲者は長男のハリラールだった。ハリラールは向学心に溢《あふ》れる子どもで、学校に通いたいと父親に訴えたが、父親は頑として許さなかった。息子に留学のチャンスがあったときも、父親が進んでそのチャンスを潰した。ガンジーの言い分はこうだった。息子に有利に計らったとあっては、面目が立たないと。ガンジーは自分の社会的体面を息子の将来よりも優先したのだ。

結局、ハリラールはまともな教育を受ける機会を逃してしまった。ハリラールは反抗的になり、父親に不信感を見せるようになった。そのことがガンジーを余計に苛立《いらだ》たせ、ハリラールに対して過酷な態度を取らせた。

父子の対立が決定的となったのは、ハリラールが勝手に結婚してしまったことだった。相手は、ガンジーの友人の娘であったにもかかわらず、ガンジーは自分の許可なく結婚したことを許そうとしなかった。激怒したガンジーは、「もう息子とは思わない」と言い放ち、息子は父親のもとを去った。

二年後、一旦仲直りして、ハリラールは父親のもとにもどってきたが、嫁に対しては、ガンジーは嫁いびりと言ってもいいくらい意地悪な態度をとり、二人の仲を裂こうとさえした。

しかし、それでも、ハリラールは誰よりも父親に認められたかった。そのため、父親の反政府運動に進んで参加し、何度も逮捕された。にもかかわらず、ハリラールが抗議運動のために違法行為をしたかどで訴追されると、ガンジーは弁護士として息子を弁護するどころか、厳しく罰すようにと裁判所で証言したのだ。

ハリラールは人生の敗残者の道を歩んだ。女とアルコールに溺れ、父親の名を騙《かた》って犯罪行為も働いた。それは父親に対する〝抵抗運動〟だったに違いない。その極めつきは、イスラム教に改宗したことだ。しかし、その一方で、父親を憎み切れず、父親に認めてもらおうと父の独立運動の先頭にも立ち続けた。

父親に認めてもらえない息子の悲しみは、母親に認めてもらえない子どもの悲しみよりも強いかもしれない。父親のことを内心尊敬していればいるほど、子どもは認められたいと願う。ハリラールの反抗は、父親に認めてもらえない子の裏返った悲しみだった。どんなに無茶な扱いを受けていようと、不当なことを押し付けられていようと、父親の期待を無視することなどできない。できることなら父親の思いに応えたいと思う。

たとえ反抗するようになっても、心のどこかでまだ父親を捨てきれない。認めてほしいという気持ちを引きずっている。反抗する一方で、そんな自分をダメだと思ってしまう。

強いられた身代わりの人生

存在感のある父親が、子どもを追い詰めてしまうという悲劇は、かつてはとても多かったし、今でもときどき出会う。父親が自分の成功を基準にして、子どもにも同じような成功を求めてしまうこともあれば、父親が挫折した悔しさを抱えていて、そのリベンジをわが子にさせようと、身代わりの人生を押し付けてしまうこともある。

しかし、それで子どもが成功しようが失敗しようが、その人生はその子の人生ではなくなってしまう。その子自身が自ら選びとった生き方ができなければ、それは、失敗すること以下の人生になってしまう。

聡子（仮名）の父親は、周囲が医師ばかりの家系の中で、名もない大学の文科系学部しか卒業していないということに、強いコンプレックスを抱いていた。妻も高卒だったこともあり、親戚の中で肩身の狭い思いをしてきたという。それでわが子には、是が非でも国公立の医学部に進ませたいと願ってきた。

聡子は成績も良かったため、父親は余計に期待をかけるようになった。自ら勉強を教え、間違うと厳しく叱った。ときには暴力をふるうこともあった。学歴のない母親は、口を出す権利もないと思い、夫に逆らえなかった。

小学校の間は、聡子は成績も良く、このまま期待に応えてくれるかと思われた。ところが、中学に上がった頃から、成績が伸び悩み始めた。父親は、聡子の努力の足りなさを詰《なじ》り、このままでは国立の医学部どころか、お前の母さんのように大学にも行けないと言った。

それまで、父親には何も言い返せず、黙って従っていた聡子だが、その頃から、父親に露骨に反発するようになった。塾をずるけ、悪い友達と無為に時間を潰すようになった。無惨なまでに成績は落ち、学校も休みがちになった。父親が聡子を殴りつけると、家を飛び出した。それからは、自分をダメにすることが、聡子の生き甲斐のようになった。夜の街で出会った男に身を任せ、覚醒剤の味を覚えた。

警察に保護されたとき、聡子は幻覚妄想に苛まれ、壁から襲ってくる人影から逃れようと、鉄格子を摑んで泣き叫んだ。家庭裁判所は、聡子を医療少年院送致にした。

だが、施設の生活で落ち着いていくと、聡子は本来の優等生のお嬢さんの姿に戻っていった。母親はきちんと面会にやってきたが、父親は一度も面会に来なかった。ただ父親のメッセージを母親が携えて来て、聡子に伝えるのだ。

聡子は決して父は自分のことを許さないだろうと語っていた。自分はそれだけのことをしたし、許されたいとも思わないと言った。しかし、聡子の本音は違っていた。

社会に戻る日が一月ほどに近づいたときのことだった。母親が聡子に父親からの最後のメッセージを伝えた。帰ってこい、待っているからと。それを聞いた聡子は何も言わずに泣いた。

父親に見捨てられた子ども

見捨てられ体験とは、愛着し信頼していた存在から拒否されたと感じたときだけでなく、同一化し敬愛していた存在から見放されたと感じたときにも起きる。両方が重なると、それだけ衝撃も大きい。したがって、父親に自分を同一化して育った子ほど、父親に見捨てられることは大きなダメージとなる。

父親がどうでもいい存在であれば、傷つくことも少ないが、父親に同一化し、父親のようになろうしている子では、認められたいという気持ちが人一倍強い。それを、期待外れだと見捨てられることは、その子の自己肯定感や向上しようとする力を奪ってしまう。

聡子が父親に見捨てられるや、転落の人生を歩み出したのも、父親の意見を最後まで気にしていたのも、母親よりも、父親に同一化して生きてきたからだ。聡子にとって、母親は優しく支えてくれる存在ではあるが、目標とすべき存在ではなかった。父親こそが、聡子の認めてほしい人だったのだ。

父親に見捨てられる状況は、大きく三つに分けられるだろう。一つは、父親が期待外れのわが子に失望し、見放してしまう場合。もう一つは、離婚や再婚によって、子どもから離れたり、関心を他に移す場合。そして、もう一つは、最初から関心も期待ももたず、その存在を軽んずる場合だ。

子どもは自分が見捨てられた存在だということを敏感に感じる。事情や理由のいかんに関係なく、見捨てられた子どもには、共通する反応が起きやすい。

その一つは、抑うつ的になることだ。ただ落ち込むだけでなく、投げやりで、自暴自棄になりやすい。もうどうでもいいと思ってしまうのだ。糸の切れた凧《たこ》の状態だ。

自分が何を目指し、何をがんばればいいかわからなくなる。迷走し、自分を見失ったアイデンティティ・クライシスを伴いやすい。今まで、同一化していた目標が失われるためだ。

さらには自己否定から自分を損なうような行為にのめり込み、自傷や自殺企図に至ることもある。

同時に、自分を守ろうとする自己防衛反応も起きる。反抗や非行は、その一つだ。今まで自分が目標としてきたものに、今度は反逆し、否定することで、自分のプライドを保とうとするのだ。それが、対抗同一性《カウンター・アイデンティティ》にまで至り、親が教えていたことと正反対なことをすることに生きがいを見出すこともある。犯罪を平気で行い、反社会的な人格になってしまうこともある。

心を凍りつかせ、冷酷に他人を利用し、欲望と打算に生き、富や地位を手に入れ、自分を否定したすべての人間を見下すことで復讐しようとすることもある。賞賛と成功に対する過剰なまでの欲求にとらわれ、それを追求していくこともある。

また、自己否定の苦しさから逃れようとして、アルコールやギャンブルに依存することもある。陶酔し神経を麻痺させることで、心の痛みを忘れようとするのだ。

しかし、どのような方法でごまかそうと、心の底には自分は父親に認めてもらえなかったダメな人間だという思いがひそんでいることが多く、いつしか心が蝕《むしば》まれていることも少なくない。それゆえ、もう一つの特徴である自己否定を抱えやすい。

中原中也と父謙助

詩人中原中也の父親・中原謙助は、軍医から中原家に入り婿し、開業医を継いだ人物だった。中也は、結婚七年にしてようやく授かった子宝であり、跡取り息子だった。下にも置かない扱いを受け、特別に可愛がられて育ったのは言うまでもない。しかし、子どもを大切に思うあまり、謙助の愛情のかけ方は、本人の成長を阻害するものとなってしまった。ケガをしたり、悪風に染まることを危惧し、外で他の子と一切遊ばせないといった極端な教育方針をとったのだ。溺死することを恐れて、水泳を習わせなかったり、叱りつけるときも、手では叩かずに手に持ったハンカチで叩いたという。

中也の病的なまでの傷つきやすさや他者の中で疎外感を覚え、自分を持て余してしまうバランスの悪い人格は、異常な過保護と同年代の子どもたちと切り離されて育ったことと無関係ではなかった。

中也のエピソードで思い出すのは、心理学者ハーロウのある実験だ。仔ザルを母親なしで育てようとしても、ほとんどは死んでしまうか、生き残っても社会性が身につかない。だが、逆に仔ザルを母親とだけで隔離して育て、他の仲間と触れ合わさなくても、仔ザルは社会性に重大な欠陥を抱え、集団適応やパートナーの獲得、子育てができなかった。中也は、ある意味、ハーロウの仔ザルのような実験的な環境で育てられてしまったといえるだろう。

謙助自身、若い頃から和歌俳句を作ったり、軍医学校時代に校長だった森鷗外に私淑し、短編小説を雑誌に発表したこともある文学青年で、中也という名前も、森鷗外につけてもらったという。だが、自分が父親になると、子どもが文学に現《うつつ》を抜かすことを快く思わず、息子が進みたい針路を妨害し続けたのだ。

支配され、厳しく管理され、主体性を奪われて育った多くの子どもと同様、中也は生きることに対してどこか回避的な態度を身につけてしまう。幼い頃は神童といわれ、プライドだけは誰よりも高かったが、これといって自分の意思をもっているわけでもないので、積極的に努力することもなく、ただ安易な方に逃げ続けるという傾向が次第に目立ってくる。すでに中学の頃には、後のデカダンな生活態度が表れ始めていた。

成績は毎年のように急降下し、山口中学三年のとき、ついに落第してしまう。

　地元では名流である中原病院の御曹司が落第という事態は、謙助にとって世間体の悪いことだった。家庭教師を付けたり、お寺に預けたりしたが一向に勉学に打ち込む様子はなく、病院の看護婦と懇《ねんご》ろになるといった問題まで出てきた。ついに業を煮やした父親は、中也を京都に所払いした。立命館中学に転校させたのだ。

　当時の立命館中学はレベルが低く、落第生の収容所のようなものであったというから、中也が面白いはずはなかった。両親の監視を外れた中也は、水を得た魚のように好き放題をし始めた。三つ年上の女性長谷川泰子と付き合い始め、ついには同棲を始める。二十歳の泰子は、広島出身の家出娘で、その頃は、大部屋の女優だった。後にこの泰子を、中也は、親友でもあり、評論家として名を成す小林秀雄に奪われることとなる。

　中也は東京への憧れをずっと抱いていた。文学をするのなら東京で、という思いがあったのだ。早稲田大学に進みたいと思い、替え玉受験を依頼しようとしたことさえあった。だが、中学を卒業することも難しい状況で、中学の修了証書がなければ、受験さえできないということがわかり、替え玉受験の話はお流れになった。

父親には日本大学に進むことになったと嘘を言い、念願の東京に転居したが、無頼の生活に明け暮れた。父親の謙助が亡くなったのは、そういう状況のときで、中也は結局父親の葬式にも帰らなかった。その理由の一つは、日大の学生服が手に入らず、大学に行っていないことがばれてしまうからだった。

ただ、父への思いがないわけではなかった。あるとき、亡父のことに話が及んだとき、中也の目からボロボロと涙が零《こぼ》れ落ちたという。いつも強がっていて、滅多に人前で涙など見せたことがなかったので、居合わせた知人は驚いたという。父の期待を裏切り続けたことへの悔恨と罪の意識を、中也は心のうちにずっと引きずり続けていたのだろう。

父親に見捨てられようと、母親がその分、子どもをサポートすることができれば、ダメージは小さい。しかし、母親が父親の言いなりだと、子どもが二重に傷つく。

父親に見捨てられるもう一つの場合は、離婚や別居によって、父親が子どものもとを去る場合だ。父親に見捨てたつもりがなかろうと、まだ助けを必要とする子どもにとって、そばにいてくれなくなることは、見捨てたに等しい。理由が何であれ、子どもはその思いを拭えない。

近年では、父親はかつての存在感を失い、母親ほどには影響力をもたなくなっている。特に離婚や別居という場合、むしろ、子どももあんな父親と縁が切れてよかったと納得するケースも少なくない。ただ、そういう場合も、母親を安心させようとして、子どもは母親の期待する反応を見せているだけかもしれない。子ども自身、心からそう思っているつもりでも、心のどこかに、父親を喪《うしな》った悲しみを押し殺していることも多い。

それでも、母親が安定して子どもにかかわっていれば、そのダメージもやがて乗り越えられていく。父親への未練に自分なりの納得を与え、割りきることができるのだ。だが、母親が動揺し続けたり、そのことを恨みがましく言い続けて、父親を非難し続けたりすると、ダメージが尾を引くこととなる。

父という病を防ぐうえでは、母親がどれだけしっかりと子どもにかかわれたかがものを言う。そうでないときには、子どもは父親と母親とその両者に対して信頼感を失い、結局それは、誰に対しても安心した関係をもてないことにつながっていく。

勘当をバネにした櫻井さん

父親に見捨てられるという体験は、子どもにとって過酷なものだが、子どもがある程度成長し、自立能力をもっている場合には、それを乗り越え、むしろ強い人格を築くきっかけとなる場合もある。

自伝的著書によると、ジャーナリストの櫻井よしこさんの父親は、戦前戦中と、アジアを股にかけた貿易商として成功した人物だった。ヴェトナムのハノイに拠点を置き、櫻井さんも、幼い頃、ハノイで育った。しかし、終戦で、それまで築いた財産の多くを失い、日本に引き揚げてきた父親は、今度は九州で事業を行った。櫻井さんは大分県の中津の豊かな自然の中で、のびのびと育った。

だが、父親は家庭を顧みず、仕事で留守がちだった上に、東京に進出してからは、そちらで愛人と暮らし、子どもまで作ってしまった。櫻井さんら母子は、中津から母親の実家の新潟に移ったが、雪の多い北国の暮らしは、子どもだった櫻井さんに、いっそう寒々と感じられたようだ。

それから何年かして、縁遠くなっていた父親から、突然、ハワイに一緒に行かないかという話がもたらされる。父親が日本食レストランを手掛けることになり、どういう心境からか、娘を誘ったのだ。身の回りの世話をする人が欲しかっただけなのか、娘との時間を取り戻そうという思いもあったのか。櫻井さんは、結局それに応じ、ハワイ大学に留学し、父親と暮らすことになる。

ところが、二年ほどで父親は日本に帰国することになる。櫻井さんにも、一緒に帰国しろと言う。学業を続けたかった櫻井さんには寝耳に水の話だ。おまけに、父親は学業など辞めて、嫁に行けばいいと暴論を押し付けてくる。あまりに身勝手で強引な話に、櫻井さんが拒否すると、父親は勘当だ、今後一切の援助はしないと言い放ち、二十歳になるかならない娘を文字通り異国の地に置き去りにして帰ってしまったのだ。櫻井さんの手元には五ドルの現金と、父親が置いていったレミントン製のタイプライターだけが残された。

だが、この体験が櫻井さんには、社会へ踏み出していく通過儀礼となった。櫻井さんは、世話になっていた大学の教授に相談し、住処からアルバイト、奨学金まで一つ一つ手を打って、自活しながら留学生活を継続する道を切り開いていく。

櫻井さんの中には、経済的にはやり手で、成功した偉大な父親に同一化しようとする面と、母親や自分たちを顧みない身勝手な父親に対する不満や不信感を抱く面の両方があっただろう。こうしたケースでは、後者の満たされない思いゆえに、父親へのこだわりを引きずりやすいものだ。父親を卒業することが、逆に難しくなりやすいのだ。

結果的に、父親と決裂し、父親から見捨てられることによって、父親に対する憧れや理想化を脱し、父親の助けなど借りずとも、成功して見せるという気概を生むことになったのではないか。父親の勘当は、生ぬるい依存を断ち切るという意味で、荒療治だが効果的に作用としたと言えるかもしれない。

ただし、並の人間ではこうした試練に耐えられない。無気力で投げやりな状態に陥るか、誰か代わりの人に依存するだけで終わりかねない。

ファザコンと父親の理想化・同一化

父親との同一化の意味は、男の子と女の子では、当然ながら異なってくる。通常は、息子は父親に同一化しようとするが、娘は母親に同一化しようとするのが一般的だからだ。父親への同一化が起きる場合も、息子の場合と違って、すべての特徴が似るというよりも、父親の中の女性的な特徴についてその傾向が強まりやすい。

しかし、ときには、女の子でも、父親と過度な同一化が起きる場合がある。それは、母親が自我理想とならないような、混乱した、尊敬に値しない存在だった場合で、その子は、母親ではなく父親に目標を見出し、同一化しようとする。そうした一つの典型は、父親が高学歴で、専門職に就いて外で活躍しており、一方、母親は専業主婦で経済的に依存し、しかも精神的に不安定という場合だ。

こうしたケースでは、幼い頃には、父親はあまり子育てにかかわらず、娘がある程度大きくなってから、進路などの問題で、ようやくかかわりだしたということが多い。その間、娘の方が不安定な母親との関係を重荷に感じ、父親が家庭をないがしろにし、有効な助けを自分にも母親にも与えてくれなかったことに不満を抱いている。父親はそうしたことから目をそむけてきたのだ。

しかし、そうした不満をもちながらも、娘が幼い頃から同一化し自我理想としたのは、家庭で鬱々としている母親ではなく、外で活躍している父親なのだ。このタイプの女性は、努力し業績を上げるような活動には熱心に取り組み、それなりの成果を上げるが、気楽に人生を過ごしたり、交友を楽しむということが苦手だ。特に苦手なのは、男性と恋愛をしたり子育てをしたりといった、女性として母親としての役割を行うことで、違和感を覚えたり退屈を覚えたりしてしまう。それも結局は、母親に同一化できず、女性や母親としての役割を、肯定的に受け入れられなかったことによる。

このタイプの女性は摂食障害を伴いやすいとされるが、そのことも、母親との不安定な愛着を父親との同一化によって乗り越えようとしたという背景を考えれば、納得できるだろう。

アテーナー・コンプレックス

ギリシャ神話に登場する処女神アテーナーは、父親ゼウスの頭の中から鎧《よろい》をつけた状態で生まれ、知恵と戦いを司るとされる。精神分析医のロナルド・ブリトンは、アテーナーが母親をもたず、父親に同一化した存在である点に着目し、しばしば男勝りの活躍をする女性に、そうした精神構造が認められることから、アテーナー・コンプレックスと呼んだ。

イギリスの首相を長く務め、「鉄の女」の異名をとったマーガレット・サッチャーは、アテーナー・コンプレックスの典型例だという。サッチャーは、母親を軽視するとともに、市長でもあった父親を熱烈に尊敬していた。サッチャー自身、「父親にすべてを負っている」と述べている。サッチャーが発揮する男そこのけの戦いのパワーの源は、父親を自らの自我理想として取り込み、同一化することから生まれた。しかし、その代償として、妻や母親としての役割は多少とも犠牲にせざるを得なかった。

マーガレット・サッチャーと、大西洋を挟んで好一対をなす存在とも言うべきヒラリー・クリントンにも、似た精神構造が認められる。ヒラリーという名前からして、元々男の子によく使われる名前で、その名前にふさわしく男勝りな性格に育った。

ヒラリーの母親は、その母が十五歳のときの子で、八歳のときに両親が離婚したため、ひどく不安定な環境で育った。ハイスクールさえまともに出ておらず、十四歳から住み込みの仕事をさせられた。ヒラリーが年上の子に泣かされて帰って来ると、殴られたら殴り返しなさいと教えるような母親だった。

母親に比べると、父親はずっとましな境遇で大きくなった。フットボール奨学生としてペンシルバニア大学を卒業していた。卒業したのが大恐慌の年だったため、炭鉱にしか就職口がなく、最初は苦労したが、向上心を失うことなく、一歩一歩成功の階段を上った。苦労して叩き上げた父親は、子どもに厳しかった。優秀なヒラリーが、どんなにいい成績をとっても、決してほめず、それ以上のことを要求した。ヒラリー以外の子どもならば、すっかりやる気をなくしていたかもしれない。

　しかし、ヒラリーはそれにもめげず、頑張り続けた。ヒラリーが何よりも求めたのは、父親に認められることだった。彼女が同一化する相手に選んだのは、母親ではなく父親だったのだ。父親の教えは、彼女の超自我に取り込まれ、自分を律する強力な意志となった。

　小さい頃から異常なほどに政治に興味を示したが、それも父親からの影響だった。そして、父親のような筋肉質で知的な大人の男性に興味を示した。その一人はハイスクール時代の歴史の教師で、彼女に多大な影響を与えた。尊敬する男性を見つけては、その人に認められようと努力するという彼女のパターンの始まりだった。

　その出発点にあったのは、父親を自我理想として自分に一体化したことだった。それによって、父親のように強い野心をもち、厳しく自分を律し、成功を目指して努力する原動力を手に入れたのだ。

　社会的に成功し、活躍している女性の多くには、父親を尊敬し、父親に同一化しようとする傾向がみられる。一見強く反発している場合にも、父親という大きな存在に一目置いている。それが、母親との愛着の欠如を補うためのものでなければ、いっそう幸運だと言える。両者に恵まれている場合は、家庭的な幸福を犠牲にして、仕事に邁進《まいしん》するということにはならず、どちらも享受しようとするだろう。しかし、母親に同一化すべき理想像を見出せず、父親だけに偏った同一化が生じた場合には、その生涯は孤独で過酷なものとなりやすい。

このタイプの強過ぎる主体性は、女性として通常求められる役割と齟齬《そご》を起こしやすい。特に、性的関係において、女性は受動的な役割を強いられる。身を任せ、愛撫され、挿入されるといった一連の営みにおいて、パートナーからの働きかけを受け止め、感じなければならない。これが、このタイプの女性にはなかなか厄介なのだ。そして、自分のコントロールを失う、いくという体験に対して、抵抗を覚えてしまう。このタイプの女性には、セックスでオーガズムを味わえないというケースも少なくない。

渋谷円山町で起きた東電OL殺人事件は、犯人として収監されていたネパール人の男性が、再審で無実となるというどんでん返しの結末で、改めて世間の耳目を惹いたが、あの事件の被害者の女性も、まさにそうした精神的ダイナミズムに操られていたように思える。

被害者の父親は、東大から東京電力に進んだエリートだったが、これから幹部に上っていくという矢先に、胃癌で無念の死を遂げた。父の死は、女性が高校生のときのことで、それを境に、女性は以前にもまして猛勉強に励むとともに、激やせしていて、拒食症にかかる。その後も勤勉な努力を重ね、父親と同じ東京電力に就職すると、ばりばりのキャリア・ウーマンとして、経済アナリストの仕事をこなし、論文を次々発表するなど、成果を上げていた。

しかし、そうした頑張りは、彼女の中の女性的な欲求を犠牲にしたものだった。その捌《は》け口として、ホテトルでアルバイトをしたことが、彼女の人生を狂わせることとなる。客から自分の女としての特性を褒められ、それに対して金をもらうことが、彼女がこれまで抑えていた欲望の蓋《ふた》を取ってしまったのだ。

彼女は、売春という新しい仕事に、これまでと同じ勤勉さで、のめり込んでいく。仕事が終わってから、毎日三、四人の客を取り、最後には、二、三千円という安値でたたき売ってでも、客を取ろうした。いきなり、アパートの部屋の扉を開けて、「セックスしません?」と、〝訪問販売〟を試みたり、八百屋の中にまで入り込んで客引きをしようとした。そうした相手かまわない売込みが、無残な最期にもつながったのだ。

このケースの場合、父親に同一化し、父親のリベンジを果たそうとする思いは、勤勉な努力の原動力ともなり、彼女を仕事の面で頑張らせたところもある。しかし、それは女性としての幸福を歪め、犠牲にすることになってしまった。この女性もまた、客の男性の証言によると、「不感症」で、いくことがなかったという。父親に同一化し、アグレッシブに生きることは、女としての自然な歓びやアイデンティティの獲得を犠牲にしてしまったのだろう。

行動モデルとしての父親

父親は、特に男の子にとって行動のモデルであり、社会への適応の仕方を、知らず知らずに教えてくれる導き手でもある。これは、決して修辞上の話ではなく、現実に認められる機能だ。その重要性は、心理学的な研究によっても裏付けられている。

子どもの社会適応に、何がもっともかかわっているかを調べるために、両親のパーソナリティや行動の特性、感じているストレスの程度と、子どもの四年後の社会適応との関係について調査が行われた。その結果、子どもの適応をもっとも左右したのは、父親自身の適応が良好かどうかだった。

また、父親が感情や攻撃性といった衝動をコントロールできない場合には、子どもも、非行や薬物乱用といった行動上の問題を引き起こしやすかった。

もちろん遺伝的な影響もあるだろうが、別に暮らしている父親の影響よりも、一緒に暮らす養父の影響の方が大きいことを示す研究もあり、そうしたことも合わせて考えると、父親は、単に遺伝的影響を及ぼすだけでなく、行動のモデルとして、子どもの適応を左右していると言えるだろう。

したがって、あまり手本とならないような父親をもった場合、子どもは複雑な立場に置かれる。

反面教師としての父親

尊敬できない父親のケースとしては、守るはずの家族を苦しめる父親という状況が典型だろう。飲酒に溺れ、家族に暴力をふるう父親や働かない父親、投資や事業の失敗を繰り返し、家族を悲惨な目に遭わせる父親だ。

不二雄（仮名）の父親は、口が達者で、冗談ばかり言う明るい人柄だった。祖父から受け継いだ店を母親と切り盛りしていたが、不二雄が幼い頃は、特に波風もなく、平穏な日々だった。そんな暮らしが一転し始めたのは、不二雄が小学校に上がった頃からだ。父親がよく家を留守にし、帰って来ると母親と揉めるようになった。父親をなじる母親の言葉から、父親がギャンブルにはまっていることは知っていた。しかし、それが自分たちの生活まで脅かすことになろうとは、思ってもいなかった。

ある日、学校から帰ると母親が泣いていた。顔は真っ青で、悔しそうに拳を握りしめたまま、畳にうずくまっているばかりだ。一体どうしたのかと問うと、やっとの思いで母親は答えた。お父さんが店を売ってしまったのだと。

最近では、店のことは母親にまかせっきりで、父親はほとんどノータッチだった。母親は、突然見知らぬ業者がやってきて、明け渡しを要求されるまで、自分が必死に守ってきた店が、一か月も前に人手に渡っていたことさえ知らず、いつも通り働いていたのだ。

母親が悔しかったのは、店を売り払っておきながら、そんなことはおくびにも出さず、普段通りに暮らしていたことだった。

それが、その後も繰り返される父親のやり口だった。面と向かっては調子のいいことだけを言い、陰に隠れて、平気で欺くのだ。その夜、母親が金切り声をあげて父親を問い詰めても、父親はのらりくらりと屁理屈を並べるだけだった。後でわかったが、ギャンブルに通い詰めるうち、利子の高い金にまで手を出してしまったのだ。

母親は店舗を借りて、店を守ろうとした。小さな店に父親の仕事はなく、これ幸いと父親は、外商の仕事を始めた。営業マンとしては腕が良く、それなりの給料をもらっていたが、家族は一度も父親の給料というものを拝んだことがなかった。

給料が出るたびに、父親は給料ごといなくなったからだ。二、三日帰って来ないのが普通だった。競艇狂いになっていた父親は、遠くの競艇場にまで泊まりがけで出かけて行くと、スッテンテンになるまで戻ってこなかった。あるときは、一か月も戻らなかった。珍しく大勝して、金が尽きるのに時間を要したのだろう。

久しぶりに父親はふらっと帰ってくると、まるでトイレにでも行っていたように、何食わぬ顔で生活を続けようとした。その横で、母親が一人いきりたち、どれだけ心配したか、何をしていたのかと、半狂乱でなじり続けるのだった。

かと思うと、店の運転資金と一緒に姿を消して、母親が後で大変な思いをすることもあった。取り立ての黒メガネの男たちが何人も押しかけてきたこともあった。母親はおろおろし、子どものように嘆いた。そのたびに、不二雄は、父親に対する激しい憎しみを募らせた。しかし、ふらっと父親が戻ってくると、不思議と何も言う気になれないのだった。どこか憎めないところがあるというのが、父親に対する周囲の評価だった。

生活は苦しかったが、不二雄は成績優秀だったので、奨学金を借りて、国立大学に進んだ。生活費はアルバイトでどうにかやりくりしていたが、授業料を納めなければならない時期には、どうにも算段が付かないこともあった。実家に助けを求めるにも、電車賃もないほど窮乏したことがあった。

そのときは、五十キロばかりも離れた自宅まで、自転車をこいで帰った。一万円でも二万円でも貸してほしいと、泣きついたが、折しも父親が金をもってドロンした直後のことで、家には千円の金もなかった。泣く泣く不二雄は、五十キロの道のりを、自転車で引き返した。

祖父から遺された財産は、店以外にも、土地やアパートといった不動産などそれなりのものだったが、すべて借金の形に取られてしまった。辛うじて残った自宅まで、あやうく人手に渡りそうになったこともある。母親では埒《らち》があかず、大学生だった不二雄が、親戚に助けを求め、どうにか始末を付けた。そのときばかりは、不二雄は、父親の襟首を摑み、「いい加減にしろ。また同じことをするのなら、死んでくれ」と、詰め寄った。父親は何も答えなかった。父親の賭博癖が収まりだしたのは、その後からだった。

オイルショックの不況がひどい頃で、不二雄は就職でも苦労し、最初は仕事を転々としたが、ある会社に就職したことから運が開けた。押しが強く、ガッツのある不二雄は、抜群の営業成績を上げ、社長からも気に入られた。

会社はその後急成長し、それと同時に、不二雄の地位や収入もとんとん拍子に上昇、役員にまで上り詰めた。会社の上場にともなって得た株式の譲渡益は、父親が失った財産すべての金額を補って余りあるものだった。その譲渡益から、不二雄は、両親に一千万円をプレゼントした。千円の金にも苦労した昔を思い、母親はうれし泣きした。父親も息子の活躍が自慢でたまらず、その話を得意げにして回った。

父親は、息子の成功を見届け、穏やかな晩年を過ごした。一方、不二雄は、そんな年齢でもないのに早々に引退して、隠居暮らしを楽しんでいる。余りに多くの苦労を子どもの頃から重ね、浮沈を味わう中で、成功や幸運がいつまでも続くわけではないという思いを強め、あくせくすることから解放されたいと願うようになったのだ。

不二雄を苦しめた「父という病」は、不二雄を鍛え、人間として成長させた面もあるが、同時に、人生に対する懐疑的な思いや人間に対する不信感を植え付けた面もあった。不安におびえ、無力感に苛まれるということは、決して良いことでも、生易しいことでもない。地獄など見ないに越したことはないのだ。


たとえ出来の悪い父親でも、そこにはある種のドラマがあり、父親としての存在感もあった。だが、最近では、もう一つ新たなパターンが加わった。自分のことにばかり熱心で、家族や子どものことはほったらかしの父親だ。

仕事から帰ってきたら、すぐにパソコンやゲームを始め、家族の団らんにも姿を見せない父親、家族と会話をしない父親も、珍しいものではなくなった。自己愛的で自閉的な父親像は、父親の存在感をいっそう稀薄なものにしている。

自己愛的な父親は、子どもの庇護者というよりも、母親のもう一人の子どものように振る舞う。妻が、夫の話題よりも、子どもの話題を優先しようとすることも、自分がないがしろにされたように感じる。子どものことで面倒なことを言われると、たちまち不機嫌になる。子どもが父親に懐いてくる間は、まだ遊び相手になろうとするが、思春期になり距離を取り始めると、自分が拒否されたと感じて、それなら自分も子どもを拒否するだけだと考える。残念ながら、こうした父親が、行動モデルとしてかなり欠陥を抱えていることは明らかだ。

しかし、父親の存在はその部分だけではない。家庭では無様な姿をさらしていても、やはり社会で働く緊張感を携えて家庭に戻ってくる。子どもは知らずしらず、父親が運んでくる外の風から学ぶ。その部分をもっと子どもに語ることができれば、子どもは父親から多くを学べるだろう。

否定的な父親像の支配

ときには、父親が、子どもを守る存在どころか、子どもを脅かす存在となってしまうことがある。尊敬の対象であるはずの父親が、その子を否定し続けることもある。そうした体験をした子どもは、生涯拭えない傷を引きずることになる。

そうした場合に、その人の行動や認知を知らずしらずに支配するのが、父親に対する否定的なイメージだ。父親から虐待を受けたり、否定され続けたり、見捨てられたりした人は、理想の父親を求めつづける一方、父親の否定的なイメージが亡霊のようにまとわりつき、その亡霊と闘い、いつのまにか自分の人生を破壊してしまう。なぜなら、その人が目の前にいる存在だと思って闘っているのは、実は、その人の心を支配する父親のイマーゴ（心的イメージ）だからだ。

絵里加（仮名）の父親は、地元の建設会社の二代目社長だった。結婚してからも、父親は女遊びが止められず、母親は嫉妬に苦しみ、絵里加を産んでから、精神的に不安定になった。結局、絵里加が三歳のときに離婚、絵里加は父親のもとに引き取られた。絵里加の面倒は、まだ健在だった祖母の手に委ねられた。

二年後に父親が再婚し、新しい母親が来た。愛情に飢えていた絵里加は、若くて美しい母親を歓迎し、大喜びだった。だが、それは絵里加の受難の始まりだった。

最初のうちは、ちやほやしてくれていた継母の態度ががらっと変わったのは、弟が生まれてからだった。絵里加は弟の世話も一生懸命にしたが、そのうち、子ども心にも、母親が愛しているのが、自分ではなく弟の方だということに気づいた。絵里加は、以前のように素直でなくなり、わざと弟の物を捨てたり、弟に陰で意地悪をしたりするようになった。継母は内心腹立たしく思っていたが、まだその頃は、祖母が目を光らせていたので、継母も手出しができなかった。

ところが、小学四年のときに祖母、祖父が相次いで亡くなると、絵里加にはもう守ってくれる人がいなかった。今までの鬱憤を晴らすかのように、継母は絵里加の悪口を、父親の耳に注ぎ込んだ。父親は継母の言いなりで、絵里加を感情的に叱りつけ、懲らしめようとした。絵里加が素直に事実を認めなかったりすると、暴力をふるうこともしばしばだった。手荒な仕打ちをされると、絵里加は余計に意固地になって、逆らった。それが、また父親の気に障った。

ちょうど会社の経営が傾き始め、父親がイライラしていたことも響いた。父親は毎晩のように絵里加を呼びつけては説教し、三日に一度は暴力をふるうようになった。そんな日々が、高校時代まで続いた。結局、父親の会社は倒産、絵里加はその家から逃れるために勉強に打ち込んだ。大学に行くしか、このみじめな境遇から抜け出すべはないと思っていた。

だが、父親はそれさえも許そうとしなかった。大学には行かず、働いて生活費を入れろと言ってきたのだ。しかし、それだけは譲れなかった。泣いて頼んで、やっと許しを得たが、すべて自分で賄うという条件付きだった。

塾や予備校に行く金はおろか、受験料さえ出してくれなかったので、絵里加は、勉強の傍ら、アルバイトをして、受験料や入学料を貯めねばならなかった。それでも、この家から離れられると思うと、苦にはならなかった。そして、こんな暗い家庭とは違う、幸福な家庭を築くというのが、絵里加の願いだった。

苦学の末、絵里加は大学を卒業し、教師になった。初めて付き合った人は、優しく男らしい人で、何も言わず絵里加を包んでくれた。初めて心から安らぎを得たように思った。だが、絵里加は、次第に物足りなさを感じるようになった。

特別な才能も野心もない彼が、絵里加には、あまりにも平凡で、生涯を共にする気にはなれなかったのだ。

転勤を機に、その彼と別れた。ある会合で、児童虐待の問題にも熱心な、裁判官の男性と知り合った。絵里加は、たちまちその男性に惹かれたが、男性も絵里加を気に入り、デートするようになった。彼から聞く裁判官の世界の話に、絵里加は新鮮な興味をそそられた。雲の上のような存在と自分が交際しているということが、信じられなかった。

相手の男性も、絵里加を結婚相手と考えているのか、すぐに親に会わせるというほどの熱の入れようだった。

付き合い始めて、半年でプロポーズされた。頭も切れ、人格的にも立派な超エリート。プロポーズを断る理由は見当たらなかった。夢にも見た幸せな家庭が手に入る。この相手なら、父親も継母も文句は言わないだろう。二人があっと驚く顔が見物だった。

実際、相手がエリート裁判官だと知ると、継母の態度ががらっと変わり、父親も結婚式に出てきて、二人の前途を祝福してくれた。これで仲直りができた、今までのわだかまりも水に流せると思った。

新婚の二、三年は、幸せそのものだった。三年目、子どもが生まれたときは、幸せの絶頂だった。すべてを手に入れたような、満たされた気持ちだった。

それが変質し始めるのは、子育てが始まってからだ。夫との関係が、ぎくしゃくするようになったのだ。後から考えれば、絵里加が、子どものことに一生懸命になるあまり、夫のことを後回しにするようになったのが、夫からすると面白くなかったのか。

裁判官の仕事は、想像以上の激務で、しかも、出張や会合も多かった。以前は、出張の用意や秘書的な手伝いを熱心にしたのだが、それも、しなくなっていた。初めての子育てで、しかも、継母には頼れず、絵里加はそれどころではないと思っていた。

夫も余裕がないのか、やってほしいと頼まれていたことを絵里加が忘れていたりすると、すぐにイライラした声を出すようになった。夫は、自分がどれだけ大切な仕事をしているのかわかっているのかと息巻いた。夫の口調に、絵里加は謝る気もなくして、逆に夫が依存し過ぎていると非難するようになった。

ほどなく仲直りするが、また些細《ささい》なことから、夫は怒鳴り、絵里加は反発して金切り声をあげるということの繰り返しになった。まさか、こんな暮らしになるなんて。絵里加は悲しかった。継母の言いなりになって暴力をふるう父親から逃れようと、一生懸命頑張ってきたのに、結局、自分が手に入れたと思った理想の家庭は、自分が一番嫌っていたものと変わらないではないか。こんなもののために、自分は頑張ってきたのか。

カウンセリングを求めてやってきたとき、絵里加の問題意識は、夫の言葉の暴力をどうしたらよいかというものだった。夫に問題があると考えていたのだ。だが、さらに細かく夫との口論が始まる場面を振り返っていくと、夫がイライラした声を上げる前に、大抵、絵里加の方が、夫をイラつかせるような反応をしていることがわかった。

当然、やってくれていると夫が期待していたことを忘れていたり、夫の提案を、よく考えもせずに頭ごなしに拒否したり、夫の話をろくに聞こうとしなかったりということだ。夫は約束を破られたとか、プライドを傷つけられたとか、自分のことを拒否されたと感じたことで、イライラのスイッチが入っていたのだ。スイッチを無意識のうちに押していたのは、絵里加だった。

だが、そのことを、絵里加はまったく自覚していなかった。自覚しているのは、夫がまた不機嫌になったとか、イライラし始めたというところからだ。そのときには、「また夫は同じ行動をとって、自分を責めている。こんなのは、もう嫌だ」と思ってしまうのだ。そして、それに反発すると、後は感情の渦に呑み込まれるままに激しい諍いになってしまう。

なぜ、絵里加は夫に対して、そうした反応をしてしまうのか。

そこに関係していると思われたのは、絵里加が自分を大きく、重要な存在のように見せようとする傾向だった。そうした態度も、関係が良好な間は、絵里加を堂々とした存在に見せ、魅力的だと思わせただろう。しかし、ぎくしゃくした場面でそうした態度をとることは、相手を威嚇するのと同じで、相手を苛立たせたり、挑発してしまう。

絵里加は、夫から言葉の暴力を受けるとき、かつて父親から責められていたときの状況と重なってしまうと語った。何が起きているかは明らかだった。絵里加は、夫とぶつかりあいながら、実は、かつて彼女を否定し、責め苛んだ父親と闘っていたのだ。

夫が戸惑うのも無理はなかった。自分に尊敬を捧げる献身的な協力者だと思っていた妻が、いつのまにか、頑固に楯をつく、手ごわい反逆者になってしまったのだから。

父親に対するアンビバレントな思いを乗り越えられていないと、一人の男性に対して過度に理想化し、理想の父親像を映し出す一方で、その同じ男性から少しでも否定的な言葉や攻撃的な態度を見せられると、父親と同じように自分を虐げ、否定しようとする圧制者とみなすスイッチが入ってしまう。その結果、頑固に歯向かい、傷つけ返そうとし、関係を壊してしまう方向に突っ走りやすい。それも、根もとをたどれば、否定的な父親像という呪縛の仕業なのだ。

本人からすると、自分を守ろうとし、相手に理解してもらおうとしての反応なのだが、事態を改善させるどころか、際限なく悪化させていく。

専門的な職種の人でも、この呪縛が影響することがある。たとえば、否定的な父親像をもつ担当者に、夫婦間の問題を相談した場合、関係を改善する方向にアドバイスされるのではなく、夫を圧制者とみなして、闘いモードを逆に加速し、関係を完全に壊してしまう方向に働きかけが行われやすい。助言者が抱えていた否定的な父親像と、相談者の夫が同一視され、過剰防衛や攻撃という方向に動いてしまうのだ。結局、助言者の過去のトラウマに、相談者が巻き添えをくう格好だ。

病める父親

否定的な父親像を生む要因の一つとして、意外に多いのは、父親が慢性進行性の疾患や精神疾患で病みつき、満足に働くことも、母親や子どもたちを守ることもできないという状況だ。こうした場合、子どもは父親に同一化し、父親を尊敬することが難しくなるだけでなく、父親という頼もしい庇護者をもたないことによって、不安感や頼りない感じを、何事に対しても抱きやすくなる。

ときには、死んでいく父親のおぞましい姿や悲嘆にくれた周囲の反応が、その子の心の傷となり、その子の安全感を長く脅かし続ける場合もある。

病める父親というものは、特にその子が庇護と理想化対象を必要としている時期に、そうした状態に陥っている父と出くわすことは、根源的とも言える不安や人生に対する悲観的な見方を植え付けてしまうことがある。次のケースもそうした一例だ。

不安の正体

綾子（仮名）は、十代の頃から、慢性的な不調や不安症状に悩まされてきた。彼女が大学で心理学を専攻したのも、自分を苦しめる問題の正体を突き止めたいとの思いからだった。

綾子は、母子家庭で育った。裕福ではなかったが、貧しい思いを味わったことはあまりない。末っ子だったため、母親から特別に大事にされたうえに、兄や姉からも可愛がられたので、淋しいと思ったこともなかった。

だが、青年期になって心身の不調に苦しむようになると、自分が、体も心も弱く依存的な人間に育ったのは、母親の過保護が原因ではないかと、母親をうとましく思うようになる。

その一方で、父親のことはあまり考えたこともなかった。最初からいないも同然だったので、考えようもなかったのだ。父親については、母親から間接的に聞いた事実が、知ることのほとんどすべてだった。

綾子の父親は彼女が四歳の時に、ガンで亡くなった。亡くなる二年前から闘病を続けていて、入院していることも多かったので、父親の記憶はほとんどなかった。綾子が覚えている父親の唯一の姿は、遠くの町にいるという名医のもとを訪れるべく、一家で列車に揺られている光景だ。列車の座席の父親は、苦しげに体を丸めていた。

父親が亡くなると、母親は、死に物狂いで三人の子を育てた。働いたこともなかった母親が、再婚もせずに三人の子を育てることは並大抵のことではなかった。子ども心にも、そのことがわかっていたから、母親に逆らうことはできなかった。人の顔色に敏感で、相手に合わせてしまう人間になったのは、疲れた母親のため息を聞いて育ったからだと思っていた。母親に何かあったら、どうしたらいいのかという不安が心を離れなかった。

記憶にもない父親が、実は、自分の抱えていた症状に、意外に関係していたということを認識するようになったのは、ずっと後のことだ。

綾子は、不安やうつに苦しめられるようになる前のもっと小さな子どもの頃から、よく原因不明の腹痛や体調不良で、病院に連れて行かれた。実は、綾子が、最初にそんな症状を発したのは、父親の葬儀でのことだった。

激しい腹痛に襲われた綾子は、救急車で病院に運ばれる騒ぎとなった。だが、綾子自身には、葬儀の記憶はない。ただ、病院で注射や点滴を受けた記憶がうっすらとあるだけだ。母親は、夫の葬儀を中座して、急遽入院することとなった綾子に付き添った。入院は二週間にも及んだが、結局、原因はわからずじまいだった。

父親の闘病生活の間、母親は病院の父親に付きっ切りで、綾子は、祖父母のもとで過ごすことが多かった。ずっと寂しく不安な日々を過ごしていたのだ。悲しみに泣きくずれる母親の姿や、異様な空気の中で、幼い綾子は、その場にいることが耐えられなくなってしまったのだろう。

結果的に、綾子の病気は、その場から母親とともに逃げ出すことを可能にした。得体のしれない不安な状況を回避するための手段として、綾子の心身の不調は、すでに四歳のときから始まり、うまく機能していたのだ。

父親の病死と不在は、綾子に不安症状やそれから逃れるための身体症状化という形で、ありありとその痕跡をとどめることとなった。

ジョルジュ・バタイユと父ジョゼフ

病める父親が、呪いのようにとりついて、子どもを苦しめることもある。父親はすでに亡くなり、子どもの人生の視界からは退場しているのだが、子どもの心の底には、父親が亡霊のようにとりつき、辺りをさまよっている。

フランスの哲学者であり文学者としても知られるジョルジュ・バタイユの父親もまた、息子に重い十字架を背負わせることになった。

バタイユの父親ジョゼフ＝アリスティド・バタイユは、若い頃医者を志したが夢かなわず、下級官吏になった人物で、中学校の会計係、刑務所職員、窓口収入係といった、安定しているが地味な仕事で生計を立てていた。息子のバタイユも後に図書館職員という表の顔をもつことになるが、公務員志向という点は知らずしらず父親から受け継いだものがあったのかもしれない。

人生をやり直したためもあって、結婚したのは三十五歳のときだった。二年後長男マルシャルが生まれ、さらに七年後、次男のジョルジュが生まれる。だが、ジョルジュが生まれる前に父親は梅毒を発症し、失明していた。もっと正確に言うと、母親がジョルジュを身ごもる前に、全盲の状態となっていた。ジョルジュは、父親が神経梅毒を発症した後にできた子どもだったのだ。

バタイユが三歳のときには、手足の自由も奪われ、肘掛椅子から自力では動けなくなっていた。脊髄癆《せきずいろう》に冒された父親は、その激痛に悲鳴を上げ、泣き叫んだ。小便をすることすら、大変な難事業で、少し大きくなってからは、それを手伝うのは息子ジョルジュの仕事となった。

思春期を迎えたジュルジュの中には、父親に対する愛情とともに、その醜悪さを嫌悪する気持ちが芽生える。というのも、父親は単に体の不自由な人ではなかった。次第に妄想がひどくなり、母親が浮気していると言っては激しく責めたて、ときには暴力をふるおうとした。そのため、母親はうつになり、自殺しようとしたこともあった。

バタイユは父親から逃れるように寄宿舎で暮らすようになったが、その頃から彼は自傷行為を繰り返すようになる。「苦痛に耐えられるように自分を鍛えたかったのだ」と言うが、そこには虐げられ続けてきた者特有の自虐的な衝動とともに、父親という修羅場から逃げ出してきたことに対する罪の意識もあった。

そうした罪の意識は、父親の最期に起きた不幸な出来事によって、決定的となる。父親は、バタイユが十八歳のときに他界するが、ときあたかも第一次大戦が勃発し、ドイツ軍の砲撃が一家の住むランスを脅かしていた。苦渋の選択で、バタイユ母子は父親を残し、ランスの町から避難したのだ。容体急変の報を聞いて再び自宅に戻ったときには、父親はすでに棺の中だった。

グロテスクなまでの破壊にこそ究極のエロティシズムがあるとするバタイユの価値の転倒は、父親との体験なくしては生まれることはなかった。

幼い頃から、父親の世話をし、父親に愛着を感じながらも、その父を、尊敬の対象とし、社会で生きていくための手本として自らの中に取り込んでいくことができなかったバタイユ。家族としての愛着と社会的な欠陥者である父親に対する否定的な感情のギャップは、バタイユが成長するとともに強まった。このギャップは、バタイユが安定した自己のアイデンティティを獲得することを困難にした。

バタイユのように父親を尊敬できず、父親に同一化できずに育つという事態は、現代の普通の家庭でも起きやすくなっている。

うつ病などの精神疾患で父親が働けないという場合にも、子どもは父親に対して複雑な思いを抱えやすい。父親に愛着をもつ場合でも、父親が社会的に無力で、役割を果たしていないということを感じると、子どもは父親を手本として尊敬し、自我理想とすることが困難になる。愛着する対象が立派な大人であり、自分を守り、導いてほしいという期待は裏切られ、失望を味わう。そこには悲しさとともに怒りが伴う。愛着する父親に、そうした感情を向けまいとすればするほど、心の中にやり場のない思いが蔓延《まんえん》するようになる。

ここで重要な役割を果たすのは、母親だ。母親が病気になって仕事ができない父親のことを否定的に見て、不満や嘆きを漏らしていると、子どもは、父親のことを、母親を苦しめる存在とみなし、父親を肯定的に受け入れることがますます困難になる。

しかし、母親が父親のことを心から愛していて、たとえ病んでいても、いたわりを忘れず、敬意をもって接していると、子どもたちも父親に対する敬意を保ち続け、今は病気のために働けないが、精神的に自分たちを支えてくれているのだとか、父親も病気と闘っているのだと受け止めて、逆境にあってもくじけない手本として、尊敬の対象としての父親を失わないで済む。それは、子どもたちにもっと豊かな価値やもっと大きな愛を手に入れさせる。

第4章

父親不在症候群

稀薄になる父親

日本でも、子どものいる世帯のうち、およそ十分の一の世帯が父親のいない世帯となっている。アメリカでは、その割合は三分の一を超える。そのうち、四割の子どもが、一年以上実の父親の顔を見ていない。また、半分以上の子どもが、十八歳になるまでに、父親の不在を味わうという。その状況を「父親なき社会《ファザレス・ソサイアティ》」と呼ぶ専門家もいる。

父親の影が薄くなり、その存在感が稀薄になったことは、本書の冒頭で、そもそも父親は必要かと問わねばならないことにも表れている。愛着崩壊が急速に進んだ結果、共同体のみならず、家族さえも崩壊し、ついには、最後の砦《とりで》だった母子の絆さえも危うくなっているのが今日の状況だ。

そうした地点にいるわれわれが、いまさら父親のことに関心さえ抱かなくなったのは、主食さえ足りずに飢えはじめた人が、おかずが何かなど気にしなくなるのと同様だ。だが、ときには、主食の不足を、おかずやデザートで補うという変則的なことも起きる。デザートとは、恋人に支えを求めるような場合だ。しかし、いくらデザートを貪っても、本当の満腹は味わえない。根源的な飢餓を癒すことは難しい。

その喩《たと》えで言えば、父親は副食かもしれないが、主食だけでは賄えない、必要な栄養素を含んでいるということになろうか。必須栄養素の不足が、ビタミン欠乏症のような障害を引き起こすのと同様、父親の不在もまた、「父親不在症候群」という子どもの精神的発育不全を引き起こす。

だが、そうした認識は乏しく、父親軽視はむしろ加速する一方だ。社会にも、その重要性の認識は皆無に近い。その結果、子どもから父親を奪うことには、誰もあまり痛痒《つうよう》さえ感じない。そうした風潮のもと、離婚といった事情だけでなく、父親は、単身赴任や長時間勤務を強いられ、父親が子育てにほとんどかかわれないという状況におかれる。そうした事態がもたらす悪影響は、ほとんど何の考慮もされない。

機能的な不在も同様の影響が

もっとも、かつての父親がべたべたと子どもの世話を焼いたり、子どもと遊園地に出かけて休日を過ごしていたわけではない。封建的な時代の父親は、幼いうちは、遠目にわが子を見るだけで、あまり面倒も見ないのが普通だった。それでも、父親は強い存在感をもち、子どもに絶対的とも言える支配を及ぼしていた。少々間違っていようと、一度父親が言い出したことは、まず覆ることはなく、絶対の命令として子どもの運命を決した。誰も逆らえない、強く揺るぎない存在として、子どもたちのはるか上に君臨したのだ。

たとえ父親が不在がちで、一家の生活さえ顧みない場合も、父親の威光はさほど損なわれることもなく、子どもの心の中にしっかりと存在し続けた。

父親の不在は、現実に父親がいるかいないかとは必ずしも一致しない。父親の不在は、父親が文字通り家にいないということだけでなく、父親として機能していないという機能的な不在も含まれる。父親がいて一緒に暮らしていても、まったく存在感がなく、父親として本来の役割を果たしていないことも多い。機能的な父親の不在も、父親不在症候群を生む。

アルコール依存症やギャンブル依存で、家族に迷惑ばかりかけ働かない父親をもつ子どもも、そうした一つの典型だ。このタイプの子どもは、アダルト・チルドレンと総称されてきたが、そこには、父親に支配され続け、横暴な父親的存在に、尽くし続けようとする面や、理想化できない、残念な父親に代わって、理想の父親を手に入れようとする面が入り混じる。

だが、社会的には成功した立派な父親であっても、外での活躍にエネルギーと時間を使い果たし、子どもに関心や手間暇をかけられなかったら、やはりそこには父親の機能的な不在が生じる。

父親が実際にいないという場合も、父親の不在の影響は、父親がいつ、どういう状況でいなくなったかということによって、当然ながら左右される。

生まれたときには、すでにいないという状況もあれば、物心ついた頃には、いなかったという場合や、物心ついてからいなくなったという場合もある。それぞれの状況によって、父親の存在感は違ってくる。また、死別したのか、両親が別れたのか、それとも未婚の子や不義の子だったのかといった親の事情によっても、父親が残す影響は、大きく変わり得る。その本質的な違いは、母親が父親のことを愛し続けているか、憎しみや怒りを抱いているかによるだろう。

母親が父親のことを愛し続けている場合、父親との間にできた子どもは、父親の身代わりとして、母親にとって特別に愛すべき存在となる。そのことによって、母と子の関係は、安定したものとなりやすい。不在の父が、母の心に肯定的な存在として生き続けることによって、あたかも父親が存在し、母子を見守ってくれているように振る舞い続ける。そして、不在の父は子どもを守るのだ。

その場合、父親の身代わりとして愛された子どもは、エディプスをもたないことによって、また母親の献身的な愛情によって、誇大な万能感を保ち続ける。ことに息子の場合は、母親は息子に父親を見ようとし、父親を理想の存在として息子に語り聞かせることになる。父親のように立派な存在になってほしいという母の願いを聞きながら育った子どもは、母親が語った理想化された父親を、自分の理想像として、自らの中に取り込んでいく。

実際の父親に対する感情だけでなく、母親がどういう父親像をもっているかや、父親というものに何を期待しているかといったことによっても、子どもに与える影響は異なってくる。母親が自分自身の父親と不安定な関係しかもてていない場合には、父親というものに対して否定的で悲観的な見方をしがちだ。逆に過大な期待をもち、子どもの父親に対して、過度に厳し過ぎる見方やあら探しばかりをするという場合もある。それは、子どもの父親像を否定的なものにし、子どもが同一化できる肯定的な父親像を育むことを妨げる。

現実の父親よりも重要な父親像

このように、現実に父親がいるかいないかよりも、どういう父親像をもつかが重要だ。父親とは、現実の存在以上に、いわば社会の掟や秩序の体系を象徴する存在でもある。たとえ現実の父親がそばにいなくても、周囲の人が、不在の父親に対して払う尊敬や畏怖の念によって、子どもは父親のイメージを手に入れ、敬いや恐れを抱いたり、同一化することができる。その場合、重要になるのは、母親が心の中に抱く父親像であり、また母親が子どもの父親をどう思っているかということだ。

父親が不在でも、母親が心の中にしっかりとした父親像をもち、子どもの父親に対して、肯定的な気持ちをもっていれば、子どもは父親の不在を乗り越え、良い父親像を手に入れ、それを自分の中に取り込むことができる。それが、社会の掟や秩序に対する敬意をもち、その中でうまくやっていくことにつながる。

ところが、母親自身が貧弱で混乱した父親像しかもてなかったり、子どもの父親に対してネガティブな思いを抱いていると、子どもは父親像に同一化し、それを自分の中に取り込むことができない。母親を卒業できず、母親と融合したままの状態にとどまり、社会にも踏み出しにくくなってしまう。

このように、父親という存在は、現実の父親の存在・不在を超えて、子どもの心の発達や精神的な安定、社会への適応に深くかかわっている。

父親の不在がもたらすもの

ここまで述べてきたように、父親の心理的、機能的不在は、子どもの発達や自立のプロセスに、さまざまな困難や支障を生じやすい。父親の不在に伴うさまざまなトラブルは、父親不在症候群として捉えることができる。父親不在症候群の主な症状を整理してみよう。

①母親への依存と母子融合

第一は、母親に対する依存と分離不安だ。

二歳頃から一旦、母子分離を始めた子どもは、三歳頃、再び母親にべったりになる「再接近期」という時期を迎える。このとき、子どもは外界を探索したいという欲求と、母親の庇護に頼りたいという不安との間で葛藤している。この葛藤を乗り越えられないと、母親との共生状態に逆戻りしてしまう。

この時期をうまく乗り越えられるかどうかが、安定した自立を獲得できるかどうかを左右すると言われているが、ここでの介添え役として父親の役割が重要とされる。父親が、子どもの不安を緩和し、安心して歩み出せるように手を引くことで、子どもはスムーズに分離不安を乗り越えられるのだ。

この時期に、父親がそうした役割を担えないと、子どもは母親に執着し、融合したままの状態にとどまり、分離個体化の過程に躓く。それは、自立したアイデンティティの獲得の失敗にもつながる。母子分離が成し遂げられず、母子の融合が続いてしまう場合、子どもは母親に執着し依存する一方で、母親に対して支配的で、攻撃的になり、依存と反発の入り混じった両価的な態度を示しやすい。母親にべったりになるとともに、母親に対して要求がましく、それが満たされないと攻撃的となる。

安全基地という観点で言えば、母親は子どもの探索をバックアップする安全基地ではなく、子どもをそこに呑み込んでしまう〝底なし沼〟や子どもを閉じ込めて支配する〝収容所〟になってしまったのだ。

杏子（仮名）は、父親に遊んでもらったという記憶がない。仕事で忙しかったうえに、休日も接待ゴルフやら世話役をしていた団体の集まりやらで、家にいること自体が珍しく、かかわりを求めることもなかった。その分、杏子は、母親にべったりで育った。杏子は、短大時代から、パニック障害にかかり、短大はどうにか卒業したものの、就職もできないまま、家にいる生活だ。父親といると息が詰まるようで、居心地が悪いと感じている。父親の方も気を遣ってくれているとわかっていても、生理的に受けつけないと感じてしまう。一方、母親に対しては心から安心できる。それゆえ、母親がたまに留守をするだけで、不安で仕方なくなる。

杏子に特徴的なのは、父親と母親とでは、一緒にいるときの安心感やリラックス度がまったく違うということだ。母親といると安心するが、父親といると逆にストレスになる。その違いはどこから生まれるのか。

結局、父親が幼い日にあまりかかわらなかったため、父親との間に愛着が育たなかったのだと考えられる。父親に対して感じるよそよそしさや、気詰まりは、愛着がないゆえだ。だから、赤の他人といるような居心地の悪さを感じてしまうのだ。

しかし、なぜ、父親は杏子とうまく愛着を育めなかったのだろう。一見すると、その原因は、仕事が忙しく、杏子にかかわる時間もあまりなかったためと思えるかもしれない。しかし、杏子によると、父親は会社が休みの日や暇があるときでさえも、あまり子どもと遊ぶのを好まず、体が触れただけでも、ひどく嫌そうにしたという。ときには、怒鳴られることもあった。それで、父親には、近づかなくなったのだという。

どうして父親は、そんな態度をとったのだろうか。仕事で疲れ切っていて、子どもと触れ合うだけの心の余裕がなかったということも考えられるだろう。だが、もう一つ重要な背景を父親は抱えていた。父親が物心つく前に、父親の父親は亡くなってしまい、女手一つで育てられたのだ。父親自身、父親というものの味を知らないで育っていたのだ。自分の中に父親像というものを稀薄にしかもたない父親は、娘の杏子に対して、どうふるまっていいかさえわからなかったに違いない。どう接していいか、勝手のわからない子どもを相手にしているよりも、勝手のわかった仕事にかまけている方が、気が楽だったのだろう。

母子分離に躓き、母親にべったりだったケースに起きやすいのは、このケースのように、母親への依存と不安の強さだ。

父親のかかわりが乏しかった杏子は、エディプス段階を乗り越えることができず、母親と融合したままの状態に残された。現実の厳しさに耐えて社会に踏み出すことも、自分を確立することもうまくいかなくなったのだ。

母親への執着を諦めるというプロセスは、思い通りにならないものは、すべて敵だ、悪だという二分法的で両極端な受け止め方を克服し、より成熟した関係を獲得する道でもある。思い通りにならないものを受け入れることができず、攻撃するという段階から、思い通りにならないものであっても受け入れ、共感するという新たな段階へと導くのだ。父親という第三の存在がいることで、思い通りにならない状況を子どもに乗り越えさせることによって、そのプロセスは促される。

②誇大な願望と自己コントロールの弱さ

第2章で扱ったように、父親の一つの重要な役割は、子どもに否を突き付け、ダメなものはダメと言い、社会の掟や現実の厳しさを教え込むことにある。最初に出会う他者として、何でも許されるという万能感に歯止めをかけ、自分の限界を体感として身につけさせる。幼児的な誇大自己の際限のない満足を諦め、父親への敬意や同一化という形で、現実的な妥協が行えるようにする。父親の教えやその行動は、やがてその子の中に取り込まれ、その子を律する行動規範や基本信条となる。

父親の不在は、こうした過程をいくぶん困難なものにする。父親代わりになるものが、その機能を代替できれば、さほど問題はないが、過剰な受容や甘やかしが行き過ぎると、子どもの中に自分を律するブレーキ機能が育たない。誇大な万能感や自己顕示性がそのまま残り、現実との間に大きなギャップや齟齬を生じやすくなる。それは、その子が社会で適応するのを妨げる。

アントワーヌ・サン＝テグジュペリと父ジャン

『星の王子さま』『夜間飛行』などの名作で知られるアントワーヌ・サンテグジュペリの父親ジャンは、伯爵の家柄に生まれた。ジャンにも、その息子と同様、学校を途中で辞め、フラフラする癖があった。士官学校に入学したものの、卒業することなく中退してしまった。ジャンの父親は四つの県の副知事を務めたこともある人物だったが、政争に巻き込まれることを恐れて、その後は保険会社の仕事に就いていた。そして、あまり出来が良くない息子ジャンにも、同じ職に就かせたのだ。

そうした事情で、三十三歳のジャンが、将来の妻となる十二歳年下の女性マリーと出会ったとき、彼は保険会社の調査員をしていた。仲睦まじく、毎年のように五人の子どもをもうけた末、ジャンは四十一歳の若さで、あっけなく急死する。駅の待合室で脳卒中の発作を起こし、妻に抱えられながら息を引き取ったのだ。

アントワーヌは三番目の子で、ちょうど真ん中だが、長男だったため、母親からとりわけ可愛がられた。父親が急死したとき、アントワーヌはまだ三歳だったので、父親の記憶もほとんどなかった。父親が遺したのは、大きな不在と、それを埋めようとするかのような母親の愛情だった。

もちろん、その不在を完全に埋め尽くすことはできなかったが。天真爛漫《らんまん》であると同時に、悪知恵が回った幼いアントワーヌは、その不在を巧みに利用した。母親が一切叱らないのをいいことに、我が物顔に振る舞った。「太陽王」と呼ばれ、彼専用の「玉座」まで用意されていた。母親を絶えず独占しようとし、特にお話をせがんだ。母親が話してくれるまで、決して解放しようとはしなかった。

落ち着きがなく、飽きっぽく、不注意で、たえず悪戯《いたずら》をしていたので、学校に通い始めると、問題児となるのは必然的な結果だった。

サン・テグジュペリのケースは、父親の不在によって母子の共生関係が続いてしまった典型的なケースだと言えるだろう。そのため未熟な誇大自己が温存され、自己抑制がなかなか育たなかった。なんでも許されるという甘い考えが遅くまで残り、厳しい目で、社会での振る舞い方を指導する人もいなかったのだ。

男の子が男性としての行動規範やアイデンティティを身につけるためには、五歳までの時期に、父親との身体的な接触が十分に与えられることが必要だと述べる専門家もいる。

多動や不注意、衝動性を特徴とするＡＤＨＤ（注意欠陥／多動性障害）は、発達障害の一つとして知られているが、今やその有病率は、日本でも児童の五％、アメリカでは十％に迫っている。急増の背景として、不安定な養育環境が影響していることは間違いなく、虐待とともに父親の不在もまた悪化要因の一つと考えられる。

哲学者のジャン・ポール・サルトルは、生まれてきたときには、父親はすでに戦死していたため、母親を一人独占して育つことができた。彼は自ら「私にはエディプス・コンプレックスが存在しなかった」と述べている。エディプス葛藤や去勢不安を知らずに育ったサルトルは、万能感に満ちた誇大自己を温存して大きくなり、それが彼の成功の牽引力《けんいん》ともなった。

もっとも母親の再婚によって、サルトルはそのぬるま湯から放り出される運命にあった。その頃から行動上の問題が始まり、盗みを働いて、祖父から愛想をつかされたこともある。

長じても、サルトルの抱えた幼児的な自己愛は、尊大さや他者に対する共感性の乏しさとなって、彼の社会生活や愛情生活に影を落とした。サルトルは若い頃、女漁《あさ》りを止められなかったし、ボーボワールとの契約結婚も、家庭的な安定にはつながらなかった。サン・テグジュペリ同様、生涯父親となることも、子育てすることもなかった。

③不安が強くストレスに敏感

第三の特徴は、強い不安やストレスに対する弱さであり、それは、社会に適応することの困難にもつながる。これらは父親という庇護者の不在によって、また、外界への導き手や現実の厳しさを教える存在としての父親の不在によって、もたらされる。

父親は現実の厳しさを象徴する存在であるとともに、社会へ歩み出していくのを助けるファシリテーターでもある。そうした存在の不在は、生ぬるい空想に子どもをとどめ、外界での現実的なアイデンティティの確立を、よりハードルの高いものにする。実際、幼い日に父親が不在だった人では、うつに罹患《りかん》するリスクや、不幸だと感じている人の割合が高くなる。

この段階を乗り越えられなかった子どもは、フラストレーションに対して脆《もろ》くなりやすい。全面的に自分を受け入れ、守ってくれる存在としかやっていくことができない。少しでも非難されたり攻撃を受けると、立ち直れないほど傷ついてしまう。不快さを押しのけ、自分を主張するということが難しいのだ。

実際、多くの研究が、父親が、子どもの自立を促すだけでなく、ストレスに対する復元力《レジリアンス》を高めるのにも役立っていることを裏付けている。幼い頃に父親がかかわればかかわるほど、子どもの発達はスムーズで、ストレスに耐える力が強まり、社会的な応答性も高くなりやすい。

④三者関係が苦手

四番目は、三者関係が苦手だということだ。複数の関係よりも、一対一を好み、一対一の関係でしか、安心して自分を出せない。父親の存在によって子どもは三者関係に導入され、複数がからむ関係においても、安心感を脅かされることなく気持ちや活動を共有することを学ぶ。幼い時期から父親との共感的なかかわりが十分に与えられる中で父親との葛藤を乗り越えることが、二者関係よりも思い通りになりにくい三者関係において、フラストレーションを感じず、うまくやっていくことを身につけさせる。

父親が心理的、機能的に不在で、母子融合の状態が続いてしまうと、第三者の登場は、邪魔者としか感じられず、自分だけを特別扱いしてもらえない三者関係には、強い不満と疎外感を覚えてしまう。三者関係の困難は、集団不適応の原因となり得る。

また、一対一の関係においても相手を過剰に求めてしまい、対等でバランスの良い信頼関係を結ぶことが難しい。親密になると相手に依存し過ぎたり、独占しようとしたりして、重過ぎる関係になってしまう。相手は耐えられなくなり、最後には離れていってしまう。こうした特性はすべて、最終的には自立の困難や、パートナーとの安定した関係、子育ての困難として表れやすい。

最近では、エディプス期に特徴的とされた父親との三角関係の自覚は、もっと早い段階で起きていると考える専門家もいる。一歳半くらいの時点において、子どもは、自分の母親や父親とのつながりだけでなく、母親と父親のつながりも自覚するようになる。三者関係の中で、疎外感を覚えることなく、安心してそこにいられるためには、ごく幼いうちから、父親との安心できるつながりをもつことが大切だ。もしこの時期に、父親がいなかったり、その関係が外傷的なものであったりすれば、安定した三者関係がもてず、それはすぐに「三角関係」として、ストレスを催させるものとなるだろう。

知香（仮名）の父親は、彼女が生まれた年に転職したため、それから二、三年は、とても多忙だった。しかも、海外出張が多く、一年の半分以上は海外で過ごすという状況だった。「お父さんは？」と聞かれると、まだ二歳の知香は、空を指さして、「飛行機」と答えるほどだった。

小中学校の頃は、父親に対して親しみを感じることもなく、いてもいなくても一緒というのが、正直な気持ちだった。父親の方も、知香に対して無関心で、「ただいま」と言って帰っても、父親はろくに返事もしないのだった。

ところが、あるとき、すぐ後に姉が帰って来たことがあった。「ただいま」という声を聞くと、驚いたことに父親は、玄関まで迎えに出たのだった。

あまりの対応の違いに、そのときは知香もショックを受けた。それまで漠然と感じていた自分と姉に対する態度の違いは、決して思い過ごしなどではないことを痛感させられたのだ。

数年前に父親が亡くなる少し前に、知香は意を決して父親に訊《たず》ねてみたことがあった。「お父さんは、やっぱり私よりお姉ちゃんの方が可愛かったんでしょう?」と。

心のどこかで、父親がその言葉を打ち消してくれるのを期待していたのかもしれない。ところが、父親は別に否定もせずに、「一緒に過ごす時間が違ったから」と、申し訳なさそうに答えたのだった。

確かに、長女が生まれた頃、父親はまだ転職する前で、海外出張もなかった。毎日、定時に終わると、まっすぐ自宅に戻ってきて、娘の面倒を見るという生活だった。最初の子どもということもあり、夢中で世話をしたという。知香のときは転職と重なり、子どものことなどかまう余裕もなかったのとは大きな違いだった。

しっかり手をかけた分、父親と上の娘との間には、安定した愛着が育まれ、さりげない反応一つにも、親しみや愛情がにじみ出たのだろう。

知香が母親にべったりで、不安が強く、内気だったのとは対照的に、姉は、活発で、自立が早く、自分をしっかり主張できる性格に育った。もちろん、もって生まれたものにも違いがあるかもしれないが、父親に可愛がられ、かかわりを沢山もってもらったことも、姉の方がスムーズに母子分離できたことにつながったと言えるだろう。

知香が、苦手だった状況の一つは、三者での関係だった。一対一の関係なら、まだ心を許してかかわることができるのだが、三者での関係となると、それだけで心穏やかでなくなってしまう。そのことが、顕著に表れたのは、ある男性との関係だった。

就職して、知香は、ある男性を好きになった。その男性と付き合い始めてまもなく、知香は、その男性が、同じ課内の別の女性とも親しくしているということを知る。ショックだった。だが、二股をかけられているとわかっても、どうしても諦められず、ずるずると関係が続いた。男性がその女性と結婚することになり、さすがに別れたものの、まだそれで終わりではなかった。男性の求めに応じて、また撚《よ》りを戻してしまった。ドロドロの不倫関係の中で、知香は、すっかり不安定になってしまったのだ。

後から考えると、のめり込むほどの相手ではなかった。ただ、三角関係という状況が、知香の理性を狂わせたとしか思えなかった。自分だけのものにできないということが、余計に思いを募らせてしまったのだ。

相手を貪り尽くそうとする強い独占欲は、父親不在の中、母親と心理的に融合したままの段階にとどまっていることと関係していただろう。母親を独り占めしてきたように、恋人も独り占めしないではいられなかったのだ。


三角関係という事態は、まるでワナのように、このタイプの人を引き寄せる。不倫関係に陥りやすい理由の一つは、そうした力動による。

独占欲の強さは、三者関係だけでなく、二者関係にも困難をもたらす。

知香は、距離のある関係のうちは、まったく問題なかった。ところが、親密な関係になると、相手にどんどん依存し、すべてを独占しようとしてしまう。際限なく相手を求めてしまうので、やがて相手は疲れ果て、うんざりした顔をした。それが知香は許せず、激しく怒りをぶつけた。最後は、もう面倒見切れないという捨て台詞《せりふ》を残して、知香のもとから去って行った。

⑤学業や社会的な成功にも影響

これまでの研究によって、父親との関係は、男の子の学校や集団への順応や問題行動に影響するとされる。しかも、こうした影響は、その時点だけでなく、将来にわたる子どもの適応や行動にまで認められる。ことに、父親の影響が強まるのは、十代になってからだ。父親の不在の影響が出るのも、思春期以降ということが多い。

思春期を迎えるまでは、母親だけでもあまり問題を感じないので、これでどうにか乗り切れると思い始めていると、足もとをすくわれることになる。男の子の場合、父親への同一化が、その成長に重要な意味をもつが、父親の不在、ことに、否定的な意味合いをもつ父親の不在は、子どもの自我理想の発達を妨げ、人間社会や人生に対する否定的な見方を植え付け、向上心の乏しい、投げやりで無気力な状態を生みやすい。

では、女の子は影響を免れるのか。近年の研究は、正反対の事実を示している。実は、父親との関係は、女の子においても、母親に劣らない重要性をもつのだ。

青年期の女性の自我の発達や学業成績などと、父親のかかわりの関係を調べた研究によると、父親のかかわりが高いほど、自我の発達も良い傾向がみられた。もっとも自我発達の優れた群では、父親は始終娘とかかわりをもち、一緒にスポーツをして遊んだり、自由に議論したりしていた。中程度の自我発達を示す群では、父親は批判がましく、娘の自信を傷つけるようなことばかり言う傾向がみられた。もっとも自我発達の悪い群では、父親は冷たく、無関心だった。

別の研究では、学業成績と社会的能力によって、女子学生を三つのグループに分け、父親との関係を調べた。

学業成績も、社会的能力も優れた第一のグループでは、娘たちは、父親をエネルギッシュで、前向きで、向上心に富む存在だと認めて、たとえ意見が食い違うことがあっても、父親は自分のことを応援してくれていると感じていた。

学業成績は良好なものの、社会的能力が低い第二のグループでは、父親は、娘から、親しめず、口うるさい存在とみられていた。

学業成績が悪い一方で、仲間からは社会的能力が高いと評価された第三のグループでは、父親は、古めかしい考えの持ち主で、女は結婚して子どもを産めばいいと考えていて、娘の学業にもあまり関心がなかった。

別の最近の研究でも、職業的に成功した女性では、父親が娘に高い期待をもち、学業の達成をいつも応援してくれたと回想する傾向がみられている。

一九六〇年代にMIT（マサチューセッツ工科大学）を卒業し、職業生活においても家庭生活においても、充実した人生を手に入れた女性たちを対象とした研究では、彼女たちが十代のときに、父親と娘は特別な信頼関係をもち、父親は娘たちの好奇心を刺激し、娘が自主的に調べ、自分で判断するように励ました。父は娘を「女の子」というよりも、一人の独立した人格として扱い、娘の能力を信頼し、娘と力を合わせて汗を流すような活動に積極的だった。

休みの日だけ娯楽を共にするというかかわりとは、少し違っていたのだ。だが、それも、父親が不在で何のかかわりも何の関心ももたないよりは、ずっといいことは間違いない。

また、興味深いのは、彼女たちが幼い頃には、父親はそれほど特別な役割を果たしていたわけではないということだ。彼女たちと父親の特別な関係は、思春期以降に見られていた。

こうした父親の関与が、娘を母親から分離させ、自立した道を切り開いていくことを助けると、この論文の著者は結論づけている。

父親の不在は、こうしたプロセスを、より困難なものにする。

⑥性的アイデンティティの混乱

娘にとって父親との過度な同一化は、代償的なものであり、母親との愛着に問題があったり、母親の役割がうまくいっていないことに起因していることが多い。父親の不在によって、母親が不幸だと感じていると、娘は母親に同一化対象を見出せず、将来、女性や母親としての役割に消極的だったり違和感を覚えたりする場合がある。

一方、男性にとって、父親との同一化は、母親との融合を脱し、新たな自我理想をもち、社会の中で自分を確立していくうえで重要なプロセスだと言える。万一、父親が自分の手本や理想とするには、あまりにもみすぼらしかったり、暴力的だったり、拒否的だったり、不在だった場合、同一化の過程がうまくいかないことになる。その子は将来男性としてのアイデンティティや社会適応に困難を抱えやすくなる。性的アイデンティティの混乱や性的欲望の障害につながる場合もある。

性倒錯者は、父親が心理的に不在だったり、父親の役割を軽視する傾向があるとされる。性倒錯の患者を対象とした研究では、父親の機能に問題があったとする研究もみられる。母親の過剰な支配や母子分離の失敗という観点で見て、母親に問題があったとみなされがちだが、実は、それは問題の半分であり、残りの半分は、父親がその役割を十分果たさなかったことに由来するのかもしれない。

ヘミングウェイと息子グレゴリー

先述のヘミングウェイは、母親のことはあからさまに憎んで、悪口しか言わなかったが、自殺した産科医の父親には親近感をもち、母親の犠牲者とみなすようになっていた。ヘミングウェイは父親と同じように、狩猟やアウトドアに関心をもち、男性的な生き方を誇りにした。ヘミングウェイのマッチョでタフな生き方は、彼の愛称「パパ」とともに、ヘミングウェイのトレードマークだった。

しかし、それはある種のポーズだった。現実のヘミングウェイは、決していい「パパ」とは言えなかった。最初と二度目の結婚で生まれた子どもたちは、父親の喪失や不在を味わわねばならなかった。子どもたちが父親に会えたのは、特別なときだけで、ヘミングウェイはその間だけいい父親だったが、子どもにとっては、いつもそばにいてくれるわけではなかった。特別なことを何もしてくれなくても、いつもそばにいてくれて、自分に関心をもってくれる存在でいてくれる方が、どんなにかよかっただろう。しかし、それは叶わない望みだった。

いまではそうした境遇にいる子どもは沢山いるが、ヘミングウェイの息子グレゴリーもまた、そんな一人だった。

グレゴリーは、ヘミングウェイの二番目の妻ポーリンとの間にできた二番目の子で、最初の妻との間に一人息子がいたので、ヘミングウェイにとっては三番目の息子になる。ヘミングウェイがポーリンと別れたとき、グレゴリーは七歳だった。親権を取ったのはポーリンで、以降、ヘミングウェイとグレゴリーのかかわりは、たまの休暇を一緒に過ごすくらいのものだった。

しかし、グレゴリーは父親に認められたいという強い願望を持っていた。作家の才能があることを示そうと、優れた短編を書いたこともある。父親は喜んだが、真相は、ツルゲーネフの作品を剽窃《ひょうせつ》していた。

グレゴリーは父親に似て、乗馬や狩猟といった屋外の活動を好んだ。同時に、祖父の遺伝子を受け継いでいたのか、医学部に進んだ。だが、すでにその頃から精神的崩壊の兆候を示していた。ドラッグやアルコールに溺れだしたのだ。

それでも、医学部を卒業すると、医師としての仕事をこなし、開業医となってからは、それなりに繁盛した。しかし、麻薬を断ち切れず医師免許を停止されたこともあった。父親と同じく四度結婚したが、最後は、マッチョな父親の正反対をいくように、性転換手術を受け、男自体を捨ててしまった。

父親に認められようと、男らしい男を生きることが、グレゴリーにとっては重荷となっていたのだろうか。しかし、性転換してからも、グレゴリーは安定しなかった。裸で高速道路の中央分離帯にいて、逮捕されたこともある。

医師として成功することによっても、自分の本当のアイデンティティを手に入れることはできなかった。グレゴリーにそれほど深い自己否定や自己違和感を植え込むことになったのは、手本とすべき父親に捨てられたという心の傷ではなかったか。

男の子に大きな影響が

父親の不在は、男の子にも女の子にも影響するが、父親と同一化し、父親に自我理想を見出し、社会に漕《こ》ぎ出していかねばならない男の子に、より深刻な影響が出やすいことが知られている。

離婚後、母親が子どもを引き取って暮らしているケースを調べた研究では、圧倒的に男の子の方に、さまざまな問題が噴出していた。男の子の方が、両親の離婚後、学校でさまざまな問題を起こしたり、非行や反社会的行動に走ったり、ひきこもるなど社会的孤立に陥ったり、アイデンティティの問題を抱えやすかったのだ。

両親の離婚は、子どもが四歳から七歳の間にもっとも多いとされるが、子どもが小さいうちに離婚した場合でも、その影響は長く尾を引きやすい。うつや自殺願望、心身症、それ以外の精神疾患のリスクが高まりやすい。もちろん、そこには離婚後に生じる経済的困難など、複合的な要因が影響するものと思われる。

父親の不在により、必然的に母親とのつながりは密なものとなるが、その融合が続きすぎること自体が有害な面もある。共生状態が長く続けば続くほど、男の子は繊細で、傷つきやすくなり、その心地よいぬるま湯から脱しにくくなる。

男の子にとって必要なのは、母親との心理的な融合状態や支配から脱し、男としての独立を成し遂げていくことだが、そのための手本が見当たらないのだ。

そうした弊害をできるだけ小さくするためには、父親代わりの存在が身近にいてくれることが助けになる。それが難しい場合には、母親が、父親の役も担わなければならない。だが、そこで父親代わりをしすぎて、母親の役割をおろそかにすることも弊害を生む。パワフルすぎる母親が、父親の分まで息子を守るということでは、息子は本来の男《おのこ》になれないのだ。

父親が亡くなっている場合には、父親について語り、父親ならこう言うだろう、こう行動するだろう、こう望むだろうと話して聞かせることも、子どもの中に、男性としてのモデルを授けることにつながるだろう。

⑦夫婦関係や子育ての問題

父親不在の影響を受けるもう一つの重要な局面は、将来その子が親になった時の子育てだ。子どもをもつことを躊躇《ちゆうちよ》することも多い。親となったことを喜んでいても、父親として、どう振る舞えばいいかわからないと語るケースも多い。

父親の不在によってエディプス段階を通過できていない人では、自分自身が親になることを受け止められず、パニックに近い強い不安を覚えることもある。夫婦だけの間は良好だった関係が、子どもができた途端にぎくしゃくしてしまうことも多い。子どもができるとパートナーを独占できないことにより、子どもをライバルのようにみなしてしまい、見捨てられたという思いにとらわれ、夫婦関係が破綻してしまうケースもみられる。

しかし、子どもをもち、父親として子育てにかかわる体験を通して、自らの中の父親不在を克服するケースも少なくない。

ジョン・レノンと父アルフレッド

ジョン・レノンの父アルフレッドは、九歳で孤児となり、リヴァプールの慈善孤児院で大きくなると、船乗りになる道を選んだ。ジョンの母親となるジュリア・スタンリーと出会ったとき、軍隊輸送船の給仕長をしていた。陽気にその日暮らしを楽しむタイプで、家庭に落ち着くタイプではなかった。行状にも問題があり、警察のお世話になったこともあった。

片や母親のジュリアは、大きな会社の役員を務める父と弁護士の娘の母をもち、堅実な家庭で育った。しかし、ジュリアにとっては、そんな家庭が逆に息の詰まるものだった。両親に反発し、自由で享楽的な生き方を求める奔放な女性に育った。その挙げ句、出自も定かでない船乗りに夢中になり、両親の反対を押し切って、結婚までしてしまったのだ。

だが、結婚は明らかに失敗だった。夫は航海に出たままたまにしか帰ってこず、帰ってきても、家庭を顧みず、金が続く限り遊んで暮らした。航海に出ると、気まぐれに便りを寄越すくらいで、生活費の送金も途絶えがちだった。すっかり放って置かれたジュリアは、浮気を繰り返し、妊娠までしてしまう。ジョンの世話さえままならない状態となり、ジョンはネグレクトされた子どもに特徴的な、情緒不安定な状態を呈していた。

しかも、ジュリアが浮気していると知ったアルフレッドは、息子を取り戻そうと、押しかけてくる。両方の親から手を引っぱられ、どちらかを選ぶように言われると、ジョンは、「パパと行く」と答えた。勝ち誇ったアルフレッドのもとにジョンを残し、ジュリアが立ち去ろうとすると、ジョンが泣きながら追いかけてきた。その出来事は、幼いジョンの心に深い傷跡を残した。

結局、父親にも母親にも、息子を育てる能力が欠けていることは明らかだった。ジョンを育てることとなったのは、ジュリアの姉であるエリザベスとその夫ジョージだった。二人には子どもがおらず、夫妻はわが子のようにジョンを育てた。

エリザベスが心配性で、少し口うるさいタイプなのに対して、養父となったジョージはいつも冷静で、優しく見守るタイプだった。ジョンがその後落ち着いていったのには、エリザベスだけでなく、ジョージからも父親的な愛情を受けたことが、大いに助けになっていたと思われる。

ところが、そのジョージは、ジョンが十四歳のとき、脳溢血《いっけつ》で急逝してしまう。それ以降、ジョンはジュリアと再び会うようになり、同時に、反抗や問題行動を繰り返し始める。エリザベスだけでは、思春期のジョンを受け止めきれなくなったのだ。

養父となったジョージは、実父よりもはるかに好ましく父親としてジョンにかかわったものと思われる。ジョンは、実の両親との別れから受けた心の傷をすっかり癒されたわけではなかったが、ジョージが健在だったほぼ十年の間、人生でもっとも穏やかな日々を過ごした。

しかし、その後ジョンが、子どもや家庭を捨て、オノ・ヨーコとの関係に救いを見出さねばならなかったのには、父親や夫という役割に心からの幸福を感じられない苦しさがあったのだろう。それもまた、「父という病」のなせる業だったかもしれない。

夫や息子との関係を左右する

男の子は、父親をモデルとすることが多いため、父親というモデルの不在が、男性や父親としての行動を困難にし、恋愛や子育てといった営みに支障を生じやすいことは容易に理解できるだろう。

では、女性の場合はどうなのか。女性は、通常は母親をモデルとすることが多いため、母親や母親との関係に問題がなければ、父親の不在はあまり影響しないのだろうか。どうやら、その答えも否のようだ。

スウェーデンで行われた研究の結果は驚くべきものだった。女性とパートナーや夫、息子との関係は、その女性の母親との関係よりも父親との関係に影響されていた。父親が、児童期から青年期において、娘にほどよい支えや励ましを与えている場合には、娘もまたパートナーや息子に対して、ほどよい世話やかかわりをしやすいのだ。しかし、不幸にして、父親が無関心だったり暴力的だったり、過干渉で支配的だったりすると、娘も極端でバランスの悪いかかわりをしやすい。過度に尽くすかと思うと、その一方で支配したり、見放したりという落差が大きくなりがちだ。

後の章でも見ていくことになるが、父親の不在は、夫に対しても子どもに対しても、過度に理想化した存在を求めがちにさせる。それが強い失望や怒りを生み、誰よりも求めているはずの安定した家庭生活を手に入れにくくする。

第5章
父親を求めて

父性飢餓《ファザー・ハンガー》

理想的な父親に恵まれた場合も、恵まれなかった場合も、子どもは父親を求めつづける。理想的な父親に恵まれた子は、尊敬する父親と同一化しようとし、その教えに従い、父親に認められることを求めつづける。

一方、そうした幸運に恵まれなかった子は、傷ついた父親像を回復すべく、その不足を代償し、理想の父親代わりとなってくれる存在を求めようとする。偉大な父親に執着し続ける場合も、理想の父親を求めつづける場合も、そのとらわれは、その子の人生を織りなす重要な縦糸となる。

現実の父親が目の前にいれば、ほどよく満たされ、ほどよく失望を味わいながら、幼い頃、理想化された幻影も、やがて現実サイズのものに修正されていく。

だが、その不在ゆえに、父親を求める気持ちが強く、「父性飢餓《ファザー・ハンガー》」と呼ぶべき状態を呈することもある。現実の父親への失望から、理想の父親を空しく求めつづけることもある。

夏美（仮名）の父親は、夏美が小学四年生のときに亡くなった。大手の電機メーカーに勤める技術者の父を、夏美は尊敬していたし、父も夏美を特別に可愛がってくれた。父親が亡くなると、蓄えらしい蓄えもなく、すぐに生活苦が襲ってきた。母親は、気を取り直すと、二人の子どもを養うために伝手《つて》を頼って働きだした。まだ美しく、人を惹きつける魅力があった母親は、保険会社の営業スタッフとして採用されると、たちまち頭角を現した。朝から晩まで仕事で忙しい母親を助けようと、夏美は家のことを進んで引き受けた。

だが、女手だけでは困ることもあった。ちょっとした大工仕事とか、電気の配線といったことが必要になったときだ。以前は父が、そんな雑用はすべてこなしてくれていたのだ。そんなとき、いつもは気丈な母が、「お父さんが生きていたらね」とため息混じりに言うのだった。そんなことが何度かあってから、そうした雑用ができたときは、夏美の方から先に、「私がやるわ。大丈夫、まかせて」と言うようになった。

最初は危ぶみながらだったが、夏美が難なくやりこなすのを見て、母親は目を細めた。それから、父親がやっていた仕事は、夏美の仕事ということになった。その頃から、夏美は、自分も父親と同じ工学部に進んで、父のような技術者になるのだということが夢となった。

今から思うと、自分が亡くなった父親になり代わろうとしていたのだろう。自分が父親に同一化しようとするだけでなく、母親の夫という立場を、夏美は果たそうとしていた。

だが、そんな思いは、母親の行動によって踏みにじられることになる。夏美は小学校五年になっていた。ある夜、ふと目を覚ますと、母の姿がなかった。心細い思いでいると、母親が明け方にこっそり帰って来た。なぜか、戻ってきた母に、どこへ行っていたのか問い質すことができなかった。

それから時々母親は部屋から抜け出すようになった。ほどなくして、母は、仕事でお世話になっている人だという男性を、夏美たち姉妹に紹介した。

すぐにピンときた。この人が、時々母親が密会している人だと。どこかの会社の社長だということで、貫禄もあり、気さくな人だった。夏美は、うわべは親しげに振舞ったが、母が馴れ馴れしくその男性に甘えるのを、心の中で嫌悪した。

けなげに母親を守ろうとしたところで、所詮、母親は男の人のところに行ってしまうのだ。亡くなった父親が可哀想にも思えた。自分しか父親のことを大切に思う人はいない。夏美はそう思って、必死で勉強した。父のようになるには、勉強を頑張るしかないと思ったのだ。

しかし、工学部に進むには、理数系科目の得点が伸び悩んだ。むしろ、みんなが注目し、ちやほやしてくるのは、夏美の美しさであり、女性としての魅力だった。モデルにスカウトされ、雑誌の表紙を飾った。だが、そんな仕事をしながらも、そのことに夢中になれない自分がいた。

結局、工学部の受験に失敗し、私立のお嬢さん学校に進んだ。それでも、総合職として父親がかつて勤めていたメーカーを受けたのは、父に対する憧れと、自分なりの忠誠心の証だったろうか。

だが、現実は厳しかった。結果は、不採用。

父親のように専門職になり、自分の腕一本で生きていこうと思いながら、実情は、寄ってくる男に甘え、親切や優しさにすがって生きている自分がいた。その親切や優しさには、下心が隠されていたが、そんなことにさえも気づかず、あるいは気づきながら、知らないふりをして利用した。そんなところも、結局、男の情けにすがって生きている母と同じではないか。

技術系の仕事をする男性と知り合った。寡黙だが、自分の仕事の話をするときだけ、目を輝かせた。亡くなった父に似ているような気がした。

結婚したのは、地味でも、安定が欲しかったからだ。この人と、平凡でも幸せな家庭を築いていきたい。けれども、そんな願いは裏切られた。夫は一人で本を読んだりゲームをしているときが一番楽しそうだった。食事の間も、会話らしい会話もなく、夏美は孤独だった。

自分の結婚が失敗だったと認めたくない一心から、夏美は結婚生活を続けようとした。しかし、そのうち夏美は幸せそうな主婦を演じることに疲れてしまった。夏美はふさぎ込んだ。どうすればよいかわからなくなったのだ。

夏美が夫との離婚を決意したのは、自分らしい生き方を取り戻したいという思いからだった。まだ、自分らしい生き方とはどんな生き方なのか、自分でもわからないところもあるが、立ち止まらずに進んでいこうと思っている。

夏美のアイデンティティには、父親という存在に対する憧れと、母親のような生き方をいつのまにか模倣している部分とが混じり合い、分裂を生んでいた。夏美は、母親のような強さやエネルギーにも欠け、父親のような技術的な才能にも恵まれていなかった。夏美に備わった最大の武器は、男心をくすぐる弱さと、繊細さだった。夏美は自分のそんな特性を受け入れることができず、苦しんでいたが、それもまた自分が父親のようにならなければならないという使命感ゆえの悲劇だった。

父親の死という不幸がなければ、母親に失望し、女性としてのアイデンティティに困難を抱えることも、父親を卒業できず、理想化した男性像に振り回されることもなかっただろう。早くに失った父親を取り戻そうとする、けなげな娘の思い。夏美にとって、それは過酷な使命を自らに強いることでもあった。

亡霊となった父親

死別や離別によって、子どもの記憶に残る前に、父親がいなくなるという場合がある。子どもにとって、存在しないはずの父親は、奇妙なことに、その不在によって存在を示し続ける。周囲の家族たちは、存在しない父親があたかも存在し続けるように振る舞う。子どもは、顔を見た記憶さえない父親の存在を、その不在ゆえに、しばしば理想化し、神話的存在として過大視するようになる。そして、記憶にもない父親は、あたかも亡霊のように、その子の人生につきまとい続ける。

モジリアニと娘ジャンヌ

エコール・ド・パリの画家モジリアニが、極貧のうちに亡くなったとき、妻ジャンヌは九か月の身重だった。夫の死の二日後、家族が目を離したすきに、五階の窓から身を投げ、ジャンヌは夫の後を追った。お腹の子どもは母親と道連れになったが、実は、モジリアニとジャンヌの間には、もう一人娘がいた。

当時二歳で、母親と同じジャンヌという名前だった。この遺児は、イタリアのモジリアニ家に引き取られ、祖母や伯母たちに育てられることになる。ジャンヌは長じて、美術研究の道に進み、ゴッホやエコール・ド・パリの画家を研究テーマとした。そして、父親モジリアニの生涯についても研究し、一冊の本を著した。それが『モディリアニ　人と神話』だ。

二歳で死に別れたのだから、父親の面影さえ記憶になかったジャンヌだが、父モジリアニの存在は、絶えず彼女の身近にあった。何かにつけて、祖母や伯母が、「お前の可哀想なお父さん」について語っていたからだ。ジャンヌが学校に行く前に靴を磨くとき、その布は、父親の遺した服の切れ端だった。

さまざまな思い出が語られる中で育ったおかげで、一度も会った覚えはなくても、ジャンヌの中では、父親がしっかりとした存在感をもっていた。現存する存在よりも、むしろ大きな存在感を味わいながら、大きくなったと言ってもいいだろう。

彼女の著書は、極めて学術的な体裁で書かれており、淡々と事実だけが記載されている。冷静に客観視することで、感情に溺れることなく、その存在をありのままに摑み取ろうとするかのようだ。

唯一例外は序文で、そこには、彼女が背負わされた存在そのものの悲劇性が否応なくにじんでいる。言うまでもなく、彼女はわずか二歳で父親を喪っただけでなく、母親にも見捨てられたのだ。

自分を見捨てて父親のもとへ行った母親については、極めてあっさりとしか触れていない。しかも、その大部分は、母親の葬儀の描写だ。母親の死は自殺だったこともあり、その葬儀は実に簡素で、人目を忍ぶように行われたのだ。

それに対して、モジリアニの葬儀は、すでに彼のその後の名声を予兆するかのように、ごった返すほどの人が押し掛けた。そのことを述べて、ジャンヌの書は終わる。

彼女が美術研究の世界に進んだのも、父や母が暮らした世界を、命を捧げるほどのめり込んだ美術という世界を身近に感じていたいためだったろう。

そして、父親について学術的にも価値のある著作を残すことは、彼女が回想したくても記憶さえないというもどかしい状況で、取り得る最善の手段だったのか。父親という存在の真実に、祖母や伯母たちの語りを通してだけでなく、客観的な資料に基づいて、少しでも迫りたいという思い、それはともに暮らす時間がたっぷり与えられていれば、とりつかれることもない思いだったに違いない。父親について回想録さえ書くことのできない彼女は、学術的な研究という形で、父親に迫ろうとしたように思える。

親の不在というものを抱えながら育った子どもは、その不在をどうにかして埋めようとする。その不在ゆえに、その存在をより一層強く意識し、いくら手を伸ばしても届かないもどかしさを、何らかの形で過剰なまでに補おうとする。

日本の例でも、父親の不在ゆえに、それを求めようとするケースにときどき出会う。作家水上勉の息子である窪島誠一郎氏の場合も、そうした典型だろう。窪島氏は、水上勉が極貧の時代に生まれた子だったが、生活に困り、捨てられたのだ。その後、養父母に育てられたものの、自分が実の子でないことを知るようになり、ルーツを調べるうちに、自分が作家水上勉の子だという事実にまでたどり着く。ベストセラー作家として活躍する父親に手紙を書き、ついに再会を果たす。水上も、その存在さえ忘れていた息子を受け入れ、交流を深める。息子は父親の晩年にまで付き添い、最期を看取る。

一歳にもならないうちに生き別れ、三十年以上も会わずにいた父と子に、本来の愛着は存在しないはずだが、窪島氏は、一緒に暮らしてきた親子以上に父親に献身し、父親のすべての著作に目を通し、絶対的なまでの尊敬を捧げ、父親をかばい、自分を見捨てたことさえ許すのだ。

それに対して、同じく生き別れた実母に対する態度は冷淡だった。自らも記しているように、実母から贈り物が来ても、手紙一本返さなかったほどだ。実母は自殺するが、その死に対してさえも冷ややかだ。父親の死に向かうときの厳かな態度とは、違い過ぎると言っていいだろう。

この差は何だろうか。父親はわが子を捨てても許されるが、母親は許されないという潜在的な思いがあるのだろうか。母親とのつながりは、より生物学的な絆だ。ゆえにスキンシップや育児、哺乳という生物学的な行為なくしては、成り立たない関係なのかもしれない。

それに対して、父親との関係は、より心理的文化的なもので、たとえオムツ一つ替えず、乳を飲ましてくれたことがなくても、その人が父だと思えば、そこには特別な感情が生じてしまうのかもしれない。ましてや、水上のような有名人が父親だとなれば、社会的な存在感の大きさゆえに、父親として受け入れることができるのだろうか。

見捨てられた父親

まったく、逆のことも起きる。父親が自我理想にかなわない、同一化できない存在だった場合、息子は父親に対して、冷酷とも言える態度をとることもある。

アメリカ十六代大統領エイブラハム・リンカーンは、「奴隷解放宣言」を行った偉大な政治家だが、父親に対する態度はひどく冷たかった。リンカーンの苦学の話は美談として、よく知られている。父親の農場の手伝いをしていたため、正規の学校教育をほとんど受けられなかったが、読書を好み、苦学をして弁護士になった話は有名だ。

しかし、リンカーンが代議士や弁護士として活躍するようになってからは、まったく父親とは疎遠で、父親が面会を求めても、リンカーンは会おうとさえしなかった。

無学な父親は息子の向学心をまったく理解せず、息子が名士となってからも、息子の言うことを戯言のようにみなしていたのだから、息子として会いたくもない気持ちはもっともだったかもしれない。結局、父親は、一人自宅で亡くなっているのを発見される。今でいう孤独死だ。

早く母親を亡くし、遺されたたった一人の親に対するには、あまりにも冷たい仕打ちだった。

父親との関係において、生物学的な愛着よりも心理社会的な要素による部分が大きいとするならば、わが子といえども、否定的なことばかり言ったり、プライドを傷つけたりしていると、後でしっぺ返しを食うこととなる。ことに相手が息子の場合には、冷酷とも言える反応が返ってきかねない。

その点、娘の場合には、父親に大きな問題があっても、そこまで冷酷になれず、なかなか切り捨てられないことが多い。父親も娘には甘いように、娘も父親には甘くなりがちだ。

疫病神とわかっていても

結衣（仮名）の父親はアルコール依存症だった。普段はおとなしく、無口な人間で、結衣には優しい父親の一面もあった。しかし、飲酒してはケンカをしたり、仕事を休んだりすることが増え、両親の仲もぎくしゃくすることが多くなった。結衣が小学校の頃には、酒が入ると必ず夫婦げんかで、手が出ることも珍しくなかった。そんな不安定な家庭環境が結衣は嫌で、また恥ずかしかった。結衣も人を憚《はばか》る消極的な子に育った。顔色に敏感で、相手に合わしてしまうのだった。

生真面目なところもあった父親の性格は、失敗続きとアルコールの影響で、次第に荒《すさ》んでいった。父親なんかいなければいいのにと思ったことも一度や二度ではない。両親が離婚したのは、結衣が中学生のときのことだった。結衣は早く母親に楽をさせたいと思い、高校に進まずに准看護師の学校に行った。准看になれば、働きながら看護師の免許をとることもできたからだ。

離婚してからは、母親の表情も明るくなり、生活も落ち着いた。ただ、父親の話が出たときだけ、表情が曇った。何度か酔って父親から電話がかかってきたことがあった。母親は叩きつけるように電話を切っていた。結衣も母親に遠慮をして、父親に会うことも連絡をとることもなかった。一度、結衣が父親からの電話をとってしまったことがあった。「結衣か」といった父親の声が弱々しかったのが耳に残った。

それから、また電話があるのでは、とびくびくしていたが、そんなことも起きず、父親の消息を聞くこと自体が稀になった。解放されたような安堵とともに、心のどこかに、何か忘れ物をしてきたような思いがあった。

結衣は働きながら夜間は看護学校に通う生活を続けた。病院の寮に、父親からの葉書が舞い込んだのは、国家試験を間近に控えたときのことだった。葉書には、乱れた字で、体調が悪く、仕事もできなくて困っていることが記されていた。

こんなときに、父親どころではないと思いつつも、結衣は放っておけず、葉書の住所を訪ねた。日当たりの悪い、悪臭のこもる安アパートで、父親は臥《ふ》せっていた。久しぶりに会う父は、めっきり老け込み、衰弱していた。「すまないな」と言って笑った目が黄ばんでいた。弱った体は、食事どころか、酒まで受け付けなくなっていたのだ。嫌がる父親をどうにか説き伏せて、結衣は病院に連れて行った。即入院になった。慢性膵炎《すいえん》のうえに、肝硬変が始まっていた。酒を止めないと、二、三年の命だと言われた。

しかし、一週間も点滴を受け、少し元気になると、こっそり飲酒をして強制退院になってしまった。アルコール依存症の専門病院での治療を勧められたが、父親は頑なに拒否した。何時間もかけて説得して、やっとの思いで病院に連れて行き、入院させた。だが、それがまた苦労の始まりでもあった。しょっちゅう電話がかかってくるようになり、片道二時間もかかる病院に、物や金を届けねばならなかった。

案の定、その年の国家試験はダメで、そこまでして奔走したにもかかわらず、父親は二か月後に退院すると、一週間もしないうちに飲酒を再開した。かかわるだけ無駄だという空しさと同時に、それでも放っておけない気持ちがあった。結衣は、ときどき父親の様子を覗いたり、何とかできないものかと、病院にも相談に行った。

結衣の話を聞いた病院のケースワーカーが同情して、担当医師に話をつけてくれ、もう一度入院治療をやり直すことになった。父親は入院を拒否したが、「もう、私知らないよ」と言った結衣の一言で、あっさりと折れた。自分しか頼るものがいないのだなと、父親の寄る辺なさを感じた。

二度目の入院は、最初のときとは、ずいぶん様子が違った。院内の断酒会にも熱心に参加した。結衣は半信半疑ながら、少しは報われたかと、うれしかった。三か月後退院してからも、断酒薬を続け、酒を止めているようだった。

翌年、結衣は国家試験に合格し、晴れて看護師になった。そのことを報告すると、父親はとても喜んでくれた。さらに翌年には結婚が決まった。お相手は、職場の同僚だった。父親にも会ってもらった。父親は、娘を頼むと、ただ深々と頭を下げるばかりだった。彼が父親に敬意をもって接してくれることが、結衣はうれしかった。

その頃が、ある意味、一番幸せなときだったかもしれない。だが、結婚すると、何かと忙しくなり、父親の方をかまっている暇もなくなっていた。父親の淋しさが見えなくなっていたのかもしれない。気がつかなかったが、父親は、またこっそり飲酒するようになっていた。電話をかけてきて、金を無心することが増え、おかしいなと思ったときには、元の木阿弥になっていた。金の要求も、最初は遠慮がちだったが、酔って夜中に電話をしてくることもあり、夫の手前、声を荒らげるわけにもいかず、結衣は手を焼くようになっていた。

それでも、泣きつかれるといやといえず、昼休みに銀行のＡＴＭに走って、送金してやっていた。妻のことを思いやって、夫は何も言わないが、結衣が援助していることは、うすうす気がついているようだった。

そんなある日、結衣はたまりかねて、「もういい加減にして。お酒を止めないのなら、金輪際、援助もしないから」と強い口調で言いかえしていた。

すると、父親はまるで叱られた子どものように、「わかった。迷惑かけてすまんかったな」と、おどおどした声になった。

それから、電話もかかってこなくなった。どうせまた一、二週間もしたら、連絡してくるだろうと思っていたが、何の音沙汰もなかった。少し心配になり、一度父親の様子を覗かなければと思ったり、いくらかかわっても同じことの繰り返しだと思ったりして、躊躇していた。

そんなある日、電話が鳴った。電話は警察からだった。父親が遺体で発見されたという知らせだった。父親は一週間ほど前、首をつって自殺していたのだ。

最後の最後まで、迷惑ばかりかけられた父親だった。だが、結衣は父を憎み切れなかった。いや、それどころか、娘からも拒否され、一人死んでいくことを選んだ父親の心中を思うと、胸が潰れそうになった。

結衣は、仕方がなかったのだと言い聞かせようとしても、父親を見捨て、死に追いやったのは自分ではないかと、自らを責める気持ちが拭い切れずにいた。そんな心の傷を結衣は、長く引きずることとなる。

結衣が、アルコール依存症の専門病棟で働くようになったのは、父親の死後四年ほど経ってのことだ。


横暴な父親に対して子どもは、母親を苦しめる圧制者として敵意をもつと同時に、そんな父親にも愛されたいという思いや、母親と仲よくしてほしいという思いを捨てきれない。父親にも幸福でいてほしいという願いもある。敵意や憎しみを抱けば抱くほど、心のどこかで、父親を憎んだり、その死を願ったりしている自分に対して罪悪感や後ろめたさを覚え、それが過剰なまでの自己犠牲的な行動となることも珍しくない。

親の顔色や気分に支配された子どもは、自分の気持ちや事情よりも、相手の都合を優先しやすい。いわゆる依存性パーソナリティと呼ばれる特性で、頼られると、自分のことは措《お》いておいても、相手に尽くしてしまう。理性で考えれば、割に合わないような犠牲を払ってまで、相手を支えようとしてしまうのだ。そうした犠牲の代価は、余計に依存され、もっと深い傷や重荷を負うことでしかなかったりする。

結衣の場合も、父親のことを放っておけず、多大な犠牲を払い、かかわり続けることになったのだが、その顚末《てんまつ》は、極めて残酷なものだった。しかし、そうしたかかわりがすべて水泡に帰すわけではない。ときにはそうしたかかわりによって支えられ、危機を乗り越え、すっかり落ち着くこともある。

父親に母親を殺された女性がいた。その女性は、父親が刑務所から出てくるのを、迷いながら待っていた。母親を殺した人間なんて、殺してやりたいくらい憎かったはずだ。それでも、その女性は、悩みぬいた末、出所した父親を迎えに行った。なぜそんなことができたのだろうか。

彼女は、父親に立ち直ってほしかったのだ。考えに考え抜いて、自分が憎しみをぶつけて父親を拒否したところで、何もいいことはないという結論に至ったのだ。それに、もう一つは、父親を悲しませたくなかったのだ。父親も誰も迎えに来てくれないのではないかという不安を抱いて、刑務所から出てくるだろう。そして、誰もいなかったら。父親を見捨てられなかった。父親にもう一度やり直してほしかった。

迎えに行ったとき、父親は頭を下げた。「すまない」と言った目に涙が光っていた。

迎えには来てくれないと思っていたのだろうか。はじめて父親が見せた涙だった。

それから、父親は別人のように落ち着いた暮らしをしている。以前のように驕《おご》ることもなく、誰にでも頭を下げて、感謝して。父親も年を取ったのだろうか。父親も心の底から後悔したのだろうか。


ただ、落ち着いたと安心し過ぎて、かかわりが薄くなったりすると、また見捨てられたと感じ、たちまち逆戻りすることも多い。陥りやすい落とし穴だ。人が個人的に救えるのは、一人の人間でしかないのかもしれない。

その点、職業的な関係であれば、枠組みが明確なため、このタイプの奉仕的なパーソナリティは、良き支え手として活躍できる。結衣の「父という病」は、彼女の選んだ職業と決して無関係ではなかった。

アンティゴネ・コンプレックス

ソフォクレスの悲劇にも描かれたアンティゴネは、テーバイの王エディプスの娘だった。エディプスが、父である前王を殺し、自らの母イオカステーと交わるという呪われた運命の結果、もうけた四人の子どもの一人だ。ことの真相を知ったイオカステーは自殺し、エディプスは自らの目を潰した。

盲目となったエディプスは、イオカステーの兄クレオーンによって王の座を追われ、流浪の身となってしまう。そのとき、最期まで落魄《らくはく》の父親に付き添い、その面倒を見たのが娘のアンティゴネだった。

父親が亡くなった後、アンティゴネはテーバイにもどるが、そこでは父を追放した伯父クレオーンが王となっていた。アンティゴネの兄ポリュネイケースは、王位を取り戻すべく反乱を起こし、テーバイの城門に攻め寄せる。

しかし、奮戦空しくポリュネイケースは討ち果たされてしまう。クレオーンは、反逆者の屍《しかばね》を葬ることさえ禁じたが、アンティゴネは王命に逆らって兄の遺骸を葬り、捕らえられる。王クレオーンの怒りをかい、死刑を言い渡されたアンティゴネは、牢の中で自ら命を絶つのだった。

精神分析医のロナルド・ブリトンは、アンティゴネが、問題のある父親に尽くし、また自ら犠牲となることを敢《あ》えてしてしまう点に着目して、過剰なまでに父親や男たちに尽くしてしまう女性の無意識の力動を、アンティゴネ・コンプレックスと名づけた。

ブライトンによれば、こうした過剰な献身が起きてしまうのは、幼児期に母との関係に困難を抱えたため、それを補おうして、父親の過剰な理想化が起きる結果だという。そして、大人になってからも、父親の似姿を映し出した男性を理想化し、自らを犠牲にして尽くし続ける。

アンティゴネ・コンプレックスに見られるような、犠牲的献身は、「父という病」の産物でもあるが、その根底に「母という病」も抱えていることになる。父親と母親が補い合う関係にあることを思えば、一方の不足がもう一方の過剰と同居することは、必然的な成り行きなのだろう。

しかし、表面的に現れ、自覚されることは、父親にとっての良い娘であり続けようとするとらわれだ。尊敬する父親にかしずき続けることこそ自分の使命だという思いだ。

次に紹介するハンナ・アーレントのケースも、その人生の根底に悲劇的な亡くなり方をした父親がいて、その父親への献身が、彼女の人生を操ったとも言える。

ハンナ・アーレントと父パウル

近頃、その生涯が映画にもなった国際政治学者のハンナ・アーレントは、ユダヤ人だったため、また、早く父親を亡くしたため、波瀾万丈の人生を歩むこととなった女性だ。

ハンナの父パウルは、哲学者カントを生んだことでも知られる名門アルベルティーナ大学で工学を修めた電気技師で、古典語の教養もある学者肌の人物だった。彼が伴侶に選んだのは、パリに三年間留学し、音楽やフランス語を学んだ女性マルタで、二人の間にできたたった一人の子どもが、ハンナだった。二人は、明るく理想的な家庭を築き、そこでハンナは幸福な幼年時代を過ごすかにみえた。

しかし、その暮らしは無惨なまでに破壊される運命にあった。というのも、父パウルの体には、梅毒という病魔が、時限爆弾のように発病のときを待っていたからだ。パウルは、結婚前に梅毒に感染し、治療を受けたことがあった。完治したと思って結婚にも踏み切ったのだが、実は進行麻痺の潜伏期に入っていたのだ。

ハンナがまだ二歳半のとき、父親の体に、突然、兆候が顕われる。ふらついて真っ直ぐ歩けなくなったのだ。梅毒が脳神経を冒しはじめていた。父親は仕事もできなくなり、自宅で寝たきりの生活となった。幼いハンナは、「小さなお母さん」として父親の世話を甲斐甲斐しく焼いた。父親との間にハンナは安定した愛着を結んでいたゆえだろうが、同時に、母親が父親のことを心から愛し、大切に扱っていたからだろう。

しかし、父親の病状は急速に進行する。神経麻痺だけでなく、精神までも冒され始めたのだ。父親は激痛と精神の混乱で、しばしば興奮し、恐ろしい叫び声や唸《うな》り声を上げるようになった。ハンナが四歳のときには、とうとう自宅で手に負えなくなり、母親は夫を精神病院に入院させる決断をする。それでも、ハンナは母親に連れられて、入院中の父親を定期的に見舞った。最期には、父親はハンナの顔さえわからなくなってしまったが、ハンナは父親に忍耐強く接し、父親のために朝夕祈りを捧げた。

父親が亡くなったとき、ハンナは七歳だった。そのとき、ハンナは母親を慰めようとして、こう言ったという。

「ママ、これはたくさんの女の人に起こることだということを思い出してね」と。

幼い頃から過酷な経験をする中で、事態を客観視することを身につけていたのか。それにしても、あまりにも大人びた、子どもらしくない態度だった。本来、甘えていい時期に、ハンナは甘えるどころか、親たちを支える役を引き受けたのだ。

父親の死後、ハンナは赤ちゃん返りしたように母親に甘えるようになる。それは我慢していた分を取り戻そうとする自然な反応だった。母親にべったり甘えることで、心のバランスを取っていたのだ。

しかし、そんな平安は長続きしなかった。母親は生活のためもあり、再婚する道を選んだ。再婚相手には二人の娘がいた。ハンナ一人が独占していた母親は、突然、新しい父親や二人の義姉というライバルと共有される存在となった。

その頃からハンナは反抗的な態度を強め、親にも教師にも心を開かず、権威に反発するようになった。当時のハンナは、大人というものに対して、強い不信感を抱いていた。その最大の理由は、母親の再婚を、自分に対する裏切りと受け止めていたことにあった。母親の再婚は、愛する父親に対する裏切りでもあった。母親が、生きていくためとはいえ、父親を裏切ったということが、ハンナは心底からは納得できなかったのだ。

そうした反発は、尊敬すべき存在を求めることの裏返しでもあった。年上の男性と恋愛沙汰を起こしたりしたのも、そうした存在を求める気持ちからだったろう。だが、現実に出会う大人たちは、結局、ハンナを失望させるだけだった。

みせかけだけの存在に対して、ハンナはいっそう強く反発する。その一つが、教師との対立だった。問題はこじれ、ついにハンナは放校処分となってしまう。下手をすれば、ハンナの将来は完全に閉ざされ、失意の人生を歩むところだった。しかし、その逆境がハンナの負けん気に火をつけた。ハンナは勉強に励み、同学年の生徒たちより一年早く大学入学資格試験に合格してしまう。

晴れて大学生となったハンナは、マールブルク大学に学ぶ。ここで、彼女は運命の人と出会う。若き日のマルティン・ハイデガーだ。ハイデガーは、哲学科の教授になったばかりの三十五歳、ハンナは十八歳だった。

ハンナは、ハイデガーに理想の父親像を見出していた。熱いまなざしを向ける美貌の女子学生に、ハイデガーも、注意を払わずにはいられなかった。ハイデガーは、わざわざハンナに声をかけ、教授室に来るようにと告げる。恐る恐るハンナが出向いてみると、ハイデガーはハンナの事情を訊ね、できるだけ助けになろうと申し出たのだ。尊敬する教授からの申し出に、ハンナは有頂天になる。

こうして二人の間に文通が始まると、それはたちまち愛情を伝え合う恋文に変化する。二人は運命に抗《あらが》うことができないように、愛し合う関係になる。だが、それは極めて危険な関係でもあった。ハイデガーには妻と二人の子がいたからだ。教授と教え子との肉体関係は、ハイデガーを社会的に破滅させるに十分なほどのスキャンダルだった。しかも、ハンナはユダヤ人で、ドイツでは、ユダヤ人に対する排斥の空気が強まり始めていた。

ハンナはハイデガーに迷惑が及ばないように、細心の注意を払いながら、教授との逢引を繰り返した。二人の間では、危険を知らせ合う暗号まで取り決められていた。しかし、こうした道ならぬ関係を続けることは、ハンナにとっても苦しいことだった。正義感や道義心が人一倍強いハンナは、罪の意識に苛まれることとなる。やがてハンナは、ハイデガーとの関係を清算すべく、マールブルク大学からハイデルベルク大学に移ることを決意する。ハイデガーもそのことに同意する。

しかし、それで終われる二人ではなかった。ハイデガーから会いたいという手紙が来ると、ハンナは何を措いても出かけていき、ハイデガーの愛に応えた。二人が会うのは、マールブルクとハイデルベルクのちょうど中間あたりにある小さな駅の近くの宿だった。そこで人目を忍ぶように、つかの間の逢瀬を繰り返したのだ。しかし、激しい愛欲の営みが終わると、ハンナはいたたまれない淋しさと苦しさを覚えないわけにはいかなかった。

ハンナは他に恋人を作って、ハイデガーの呪縛から逃れようとしたこともあった。しかし、彼女が本当に愛していたのは、やはりハイデガーという偉大な人物だった。ハイデガーからの呼び出しが来ると、恋人の存在さえ、ハンナを押しとどめることはできなかった。

この危険な関係に終止符を打ったのは、ハイデガーだった。そこにはハイデガーの打算があった。ハイデガーは、正教授への昇進が決まり、また『存在と時間』の出版により世界的な名声が高まろうとしていた。ユダヤ人の排斥運動が激化する中で、これ以上、ハンナと関係することは、あまりにも危険だと結論づけたのだ。

別れを言い渡されたときも、ハンナはただ従うしかなかった。その直後、ハンナがハイデガーにあてた手紙が残されているが、その内容は、ハイデガーを恨むどころか、永遠に愛し続けることを誓うものだった。

その後、二人は対照的な人生を歩む。ハイデガーはナチス政権に接近し、フライブルク大学学長にまで上り詰める。一方、ハンナは迫害を避けドイツを逃れねばならなかった。そんな逆境と向き合うために、ハンナはユダヤ人や全体主義というものに対して、学問的な考察を進めていく。自分の身に起きたことを客観的に眺めることで、精神のバランスを保とうとしたのだ。それは、ハンナが幼い頃、父親を無惨な形で失ったときに、行ったことでもあった。

一九四五年、ナチス政権が崩壊したとき、互いの立場はまったく逆転してしまう。ハイデガーはナチスに協力したとして、公職から追放され、批判の矢面に立たされる。その著作も五年間、公開を禁じられるという厳しいものだった。一方、ハンナは、ファシズムについての著作『全体主義の起原』が国際的な評価を受け、国際政治学者として認められる。ハンナも一時期は、かつての師であり愛人であったハイデガーを非難したこともあった。

だが、終戦の五年後、二人は再会する。ハンナがハイデガーをマールブルクの自宅まで訪ねたのだ。落ちぶれた師と再会したハンナの中に、再び何かが起きる。ハンナは、これ以降、再びハイデガーの擁護に回るようになり、それが一つのきっかけとなり、ハイデガーは次第に復権を遂げていく。

それから、ハイデガーが亡くなるまで、二人は文通を続けた。ハンナの書斎の机には、ハイデガーの写真が飾られていたという。

ハンナの生涯は、父親を痛ましい形で失い、その試練を超えて、父親を取り戻し回復させようとする闘いだったとも言えるだろう。それは、彼女にとって、生きて愛する原動力でもあったし、創造的なエネルギーの源でもあった。

尊敬すべきだが失われる運命にあった父。同じような存在を求めねばならないところに、ハンナの幼い胸に刻印された悲しみがあったのではないだろうか。その生涯には、アンティゴネの悲劇に通ずる高貴な痛ましさがある。

ハンナは見事に、傷ついた父親像を、偉大な存在として取り戻すことができた。それは、彼女の知恵と忍耐と勇気によって、また心の微妙なバランスをとることによって成し遂げられた奇跡だった。

父親に対する執着は、ハンナのように父親を失うことによってだけでなく、現実の父親への深い失望と傷ついた思いによっても、強まることがある。その場合は、父親の似姿を求めるというよりも、現実の父親とは正反対の「理想の父親」を求めるという形をとる。が、結局、気がつくと、そばにいるのが、父親とそっくりの男性だったりする。

理想の父親を求めて

みすず（仮名）の父親は、劣悪な境遇の中、ひどいいじめと虐待を受けて育ち、無学で苦労ばかりしてきたため、歯向かうものは誰でも敵とみなす癖がついていた。肉体と腕力だけを頼りに生きてきた筋骨隆々の体には、殺気がみなぎり、あっと思う間もなく暴力になった。生活力はあったが、無類の女好きで、家には滅多に帰って来なかった。たまに帰って来ると、激しい夫婦げんかが始まるのだ。

みすずの一番古い記憶は、四歳のときのこと。親戚の家から母親と帰ると、いるはずのない父親が家にいて、烈火のごとく怒りだした。自分を置いて遊びに出ていたのが気にくわなかったのだろう。父親の拳骨に、母の額が割れて血が吹きだし、色白の顔が真っ赤に染まった。それでも父は殴る蹴るをやめず、みすずは姉と二人、こたつの下に隠れて震えていた。母ばかりか、自分たちも殺されるのではないかと、怯えた。

そんなことが、日常茶飯事のように繰り返された。

「なぜ、こんな家に生まれたの？」という気持ちを、みすずは幼い頃から引きずりながら生きてきた。

あるとき、みすずは姉にその疑問をぶつけた。

「こんな家に生まれたくなかった。パパなんか嫌い」

だが、もう中学生だった姉が答えた言葉は、意外なものだった。

「パパだけが悪いわけじゃない。パパもママも両方悪い。産んで育ててくれている人たちを嫌ってはだめ」

姉はそう諭しながら、自分に言い聞かせているようだった。

母親は酒に酔っては、いつもめそめそと泣いてばかりいた。母親の口から出るのは、後悔の嘆きと父親の悪口だった。

「あんたがいなければ、パパと別れられるのに」と。

そのたびに幼いみすずは、「ママの人生はママの好きにすればいい。パパと別れたかったら別れて。私がママを食べさせるから」と答え続けた。

だが、母は、翌朝になるとそんなやりとりをすっかり忘れていた。気持ちを弄《もてあそ》ばれたようで、みすずは傷つき、母への怒りを膨らませるようになった。

それまで一度も母に反抗したことがなかったみすずが、小学四年の頃から、毎日のように母と衝突するようになった。憤慨した母に全裸で外に出されたこともあった。

「早くこの家を出て行こう」という一念だけが支えだった。

その頃、トリカブトで妻を毒殺した事件が起き、連日のように報道された。みすずは、トリカブトが欲しいと思った。

「こんなに苦しい家なら、私がパパもママも殺してあげたい」と、子どもながらに本気で考えたのだ。

しかし両親への憎しみは、カトリックの小学校で学んだ聖書の教えや尊敬する姉の言葉により自責の念に変わるのが常だった。みすずは、父親を憎む代わりに、あんな父を生んだ社会の不公正や不幸を憎んだ。子ども心に、「私は必ず成功してみせる」と、決意した。

父親がたまに帰って来るときは、よく外食をした。父なりの家族サービスだったのか、罪滅ぼしのつもりだったのか。全然楽しくなかったが、みすずは、楽しそうなふりをした。父が手をつなごうとするたびに、「この手でママ以外の女を抱いて、私たち家族を裏切っている」と思い、嫌悪に駆られたが、手は握らせたままにした。父の機嫌を損ねることを恐れたのだ。

無学な父親にとって、兄や姉たちが成績優秀なことが、ことのほか自慢のようだった。みすずも中学二年までは、優等生だったが、いつしか頑張ることが空しくなった。誰も、みすずのことなど見ていなかった。母親は大学に通う兄が戻ってきたときだけ、優しい母親の顔になった。父親は相変わらず家に戻って来ず、姉も家を出て行った。

一番大事な中三の夏、みすずは、学校を怠け始めた。母親が急に目くじらを立てたので、余計に家に居づらくなった。成績はがた落ち、一気に劣等生に転落だった。それでも、高校に進めたのは、姉が高校にだけは行けと諭してくれたのと、中学二年までの蓄積があったからだ。

高校に入ると、ますます無軌道な生活に陥った。誰にも心を開かなかった。制服や下着を売りに行ったり、援助交際をして、父親ほどの年齢の中年男に身を任せたこともあった。大人に復讐している気になっていたのかもしれない。それとも、父親代わりを探していたのか。

高校三年の秋、大学進学どころか、卒業さえも危うくなったときに、父親と初めて差し向かいで話をした。

「将来、どうするのか?」と訊ねられて、

「私はこの家を出て行けたら何でもする」と、ふて腐れて答えた。

「どうやって食っていくんだ」と、父は詰めよってきた。

「こんな地獄で育ったんだから、風俗でも何でもできる」

みすずが、そう言い放ったとき、父親の平手が飛んできて、頬を切られたような痛みが走った。

「あなたのせいでママも私も不幸だ！」

みすずは泣き叫び、「何を！」と摑みかかる父ともつれ合った。後はどちらも正気を失ったような大喧嘩だった。男の腕力にかなうはずもなかった。結果は、全治三週間の怪我。

しかし、みすずの中では、この日のことが、後に宝物のような記憶に変わっているという。初めて父に愛されていることを体感した気がしたのだ。

その直後、みすずはひとりの男性と親密になる。相手は、倍以上も年の違う中年男性で、実は、みすずの通う学校の教師だった。みすずは、優しく包容力のある男性に、本当の父親を感じた。どんな甘えも、彼は受け止めてくれた。みすずの将来を心から心配し、時間を惜しまず、相手をしてくれた。

もちろん、相手には家庭があり妻子がいた。そのことが苦しくなることもあったが、彼はみすずが会いたいと言えば、何を措いても時間を作ってくれた。みすずが、高校を卒業し、大学に進学できたのも、自殺せずに生きていられたのも、その男性が父親代わりとして、みすずを支え、「更生」させてくれたからだ。

しかし、五年の付き合いの後、みすずの方から関係を断ち切った。

「私は私の人生を手に入れたい」という言葉を投げつけて。

「そうでもしないと、離れられないくらいに慕っていた。今も彼のことを、本当の父のように思い感謝し続けている」

だが、その後も、みすずが心を惹かれるのは、みんな倍以上も年上の男性ばかりだ。同年代の男性と付き合ったこともあるが、すぐにダメになってしまう。どうしても同年代の男性には甘えられなかった。自然に心を許す方法が見つからない。体だけを許し、傷ついたり傷つけたりばかり。

そんな不毛な恋愛に傷ついていたとき、近づいて慰めてくれたのが、夫だった。結婚しようと言われ、すがるように交際を始めると、すぐに妊娠。結婚して、子どもも生まれ、幸せをつかんだと思ったとき、今まで知らなかった夫の一面を思い知ることになる。ギャンブル、女好き、ＤＶ、家庭を顧みない男――。今の自分が、子どもの頃、そうはなるまいと誓った母の姿にそっくりで、夫は父親にそっくりだった。そこから逃れようと必死に生きてきて、結局、自分が手に入れたと思った幸せが、あのみじめな振出しに戻ることだったのかと思うと、みすずは絶望的な気持ちになった。

だが、絶望しているわけにはいかなかった。みすずには、大切なわが子がいて、その子に自分と同じ思いを味わわせるわけにはいかなかったからだ。

母親と同じ生き方をして、時間を無駄にはしていられなかった。みすずは、夫との離婚を決意し、夫とは子どもの父親として対等にかかわっていくことにする。

その問題を決着させると、みすずは、これまで以上に仕事にも貪欲に取り組んだ。実力を認められ成功の糸口をつかんだ。

その間も、ずっと年上の妻子持ちの男性に惹かれてしまう自分がいる。やはり自分は、年上の妻子持ちでないと付き合えないのではないか、そんな恐怖心さえ抱いてしまう。

同年代の若い男性の方が、一緒にいて楽しいはずなのに。しかし年上の「家庭を顧みないタイプ」にばかり恋してしまう。これではまるで「父に似た人」に恋しているみたいではないか。

今は父と時々会っても、何の感情もわかない。父の葬式では泣けないのではないかと思うほど、冷めている。しかし、自分の恋愛傾向には、どうしても、「ファザコン」を感じる。これが、どうしても治らない。どうしたら、同年代と交際ができるのか。

一番安心するのは、父と同年代の男性に抱かれて、すべての決断をゆだねて、甘えられるときだ。

普段は、何でも自分で決めないと気が済まない性格だが、本当は子どものように、男性に甘えたいと思っていて、本当の意味で女性として自立できていないように思う。しかし、成功欲求も強く、仕事でも、いつも一番の成績をおさめたいと思い、頑張っている。よく「頑張り過ぎ」だと指摘されるが、これも治らない。

今は、母親と同居し、母親に子育てや家事を助けてもらっている。彼女が思いっきり働くことができるのも、母親がいてくれるからだ。

自分のコンプレックスは父親不在、父への憧れに基づいていると、最近感じるようになった。

ひとり息子を育てる上で、男性の理想像がわからない。それが、ひとり親で息子を育てる上での唯一の不安であり、息子の父親である元夫と縁を切らないで済んでいる理由だ。本当に男性を信用できる日は来るのだろうか？

父親の不在を埋めようとする子どもの願望は、とても強力で、その人の一生を知らずしらず支配する。家庭を顧みず、暴力的に母を苦しめる父親に反発しつつも、同時に、みすずが本当に求めたのは、自分の人生を嘆いてばかりいる弱々しい母親ではなく、男性的で猛々しいエネルギーに溢れ、生活力のある父親だった。

ただし、母親への同情もあり、母親と父親との間に挟まれた、エディプス的な葛藤を、みすずは、現実の父親に甘えるのではなく、もっと優しく理想的な父親を求めることにすり替えることで、決着させたと思われる。

その場合、二つの方法があった。一つは、理想的な父親と思われる男性を手に入れるということ。庇護者的な、年長の男性に頼り続けたのは、そうした願望のなせる業だ。そして、もう一つは、みすず自身がそうした存在になって、母親を守るということ。幼い頃、みすず自身が母親に語ったように、そして、今まさにそうしているように、彼女が母親の夫代わりになろうとしたのだ。

だが、そうしたカモフラージュの下に潜んでいるのは、父親に愛されたいという、元々みすずが抱いた願望だった。気がつくと父親のような男の手の中にいたのは、それが、彼女を操るもっとも根本的な衝動にほかならないからだ。

社会的なコミットメントによる昇華

みすずのように、暴力的な父親に苦しんだ人も、父親を単純に憎むことはない。憎む気持ちの奥底で、父親を求める気持ちが蠢《うごめ》いていたりする。手に入らなかった理想の父親を手に入れようと、叶わない望みを抱え、のたうち回る。

アーレントの場合もそうであったが、父親という理想像を回復させようと、懸命の戦いを繰り広げる人は、その自己犠牲的精神構造もあいまって、困っている人のためや社会のために働くことで、心のバランスをとろうとすることが少なくない。みすずの場合もそうであったが、外で働くという意味は、ただ稼ぎ手となり成功するという意味だけでなく、社会的に意味のある仕事をすることで、自分の抱えた葛藤を、より高く、大きな視野を手に入れることで解消しようとする試みでもあるということだ。

そのとき、今まで味わってきたネガティブな体験が、新たな意味をもち始める。それは、自分一人の個人的な試練ではなく、より普遍性をもった困難であり、その困難な体験が決して無駄ではなく、役に立ち、強みとさえなることを知る。

社会的な意識というものが目覚めることも多い。理想化された父親が無惨な状況に陥っていることさえも、それは父親の欠陥ではなく、周囲の人の不公正や社会の矛盾の結果だと受け取るのだ。そして、父親をかばいたい気持ちが、社会や不正義に対する怒りへと昇華され、社会改革運動や平和運動といった社会的なコミットメントへとつながっていくこともある。

第6章

放逐される父親　父親は悪者か？

不在こそふさわしい

「父親というのは、その姿が目に入ったり、その声が聞こえてはいけないものだ。これこそ、家庭生活をつくる唯一の正しい基盤だ」と述べたのは、イギリスの小説家オスカー・ワイルドだ。ナルシシズムの権化とも言うべきこの作家にとって、父親の不在こそ望ましいものだった。

彼の父は、ダブリンでもっとも著名な医師の一人だった。その業績は「近代耳鼻科学の父」と称えられるほどで、眼科学の領域においても、白内障の手術法を編み出すなど、赫々《かつかく》たる功績を上げた。女王の侍医の一人でもあり、経済的にも成功した医師だった。妻や三人の子どもが何不自由のない暮らしを送れたのも、この父親の稼ぎがあったからだ。

しかし、ワイルドは母親に対しては篤い親愛の情を示す一方で、父親に一度として感謝の言葉を述べたことはない。まったく逆に、父親を目障りなものと公言して憚らなかったのだ。なぜか。

その原因は、確かに父親にもあった。父親は仕事中毒だった上に、無類の女好きで、浮気ばかりして、家にあまり帰らなかった。元愛人の女から、ストーカーまがいに家に押しかけられ、怪文書をばらまかれたこともあった。

　母親は当然夫の不行跡に苦しめられた。しかし、この母親は夫の浮気を憐れっぽく嘆くような女ではなかった。彼女は、英雄のような人生を夢見、それを実践したこともある女丈夫だった。まだ小娘の頃に、アイルランド青年党の過激分子として、凶作で餓死に瀕した貧しい人たちを救おうと立ち上がり、「スペランザ」（「希望」を意味するイタリア語）というペンネームで、政府を糾弾する勇ましい文章を書きまくったのだ。

　もっとも、貧しい者を救おうとするのは、体裁上の口実だった。本当に彼女が求めていたのは、「英雄的な運命」であり、そのために戦って血を湧き立たせることだった。彼女は書く。「私は興奮が欲しい。私には、それ以外何もない。私は激しい人生を送りたい。ああ、この私の中の荒々しくて反抗的で野望に満ちた性格をどうすればよいのか」

　しかし、それも所詮、世間知らずの小娘の空想の所産だった。現実に、周囲で何人もの同士が次々と逮捕され、牢獄に送られると、彼女は恐怖に凍りつく。そして、二度とアジビラなど書くまいと後悔する。

幸い彼女は逮捕されることもなく、成功した医者と結婚して、家庭に収まる道を選んだ。しかし、彼女はすっかり自分の野望を棄《す》て去ったわけではなかった。そのことは、夫から見捨てられ、結婚に対する失望が決定的となったとき、いっそう強まることとなる。

彼女が野心の捌け口にしたのは、長男だった。「そうだ、あの子をひとりの英雄に、そして将来のアイルランド共和国の大統領に育てよう」

この長男とは、オスカーではなく、その兄のことだった。

オスカーが示す愛情や尊敬ほどには、母親は、最初から二男のオスカーのことを高く買っていたわけではない。いやむしろ、オスカーの誕生は母親にとって失望をもたらした。というのも、母親は、二人目の息子など、まったく望んでいなかったからだ。二番目の子には女の子を強く望んでおり、生まれる前から女の子の服しか用意していなかった。

母親は一旦込めた期待を諦めきれず、五歳までオスカーに女の子の恰好をさせて育てる。そのことは、明らかにワイルドの性的アイデンティティを混乱させた。ワイルドは女装癖に加えて、同性愛への誘惑を感じ続けることになり、そのことが、後に彼を社会的な破滅に追い込むことになる。当時、同性愛は犯罪だったからだ。

　年齢とともに、オスカーの才能が、兄など問題にならないほど優れていることに気づくと、にわかに母親はオスカーに関心を示し始める。天才的な能力をもつ息子こそ、待ち望んでいる英雄にふさわしいからだ。母親はオスカーの能力をほめそやし、その野心を煽《あお》り立てた。母親が息子に注ぎ込んだ考えは、ある意味、現代的なものだった。平凡な人生になど価値はない。有名になれ、華々しい名声に包まれた人生しか、生きるに値しないと。

　母親譲りの自己顕示的な野心は、そのままオスカーに乗りうつった。若い頃のワイルドの口癖は、「有名になりたい」だった。有名になるために、ワイルドが採用した方法は、父親のように堅実に技芸を磨き、その有用性を認めてもらうことではなく、常識はずれのことをして、人々の度胆を抜くことだった。

　実際、保守的な人のブーイングが激しければ激しいほど、ワイルドは有名になり、新しいものを求める人から熱狂的な支持を得た。だが、スキャンダルと背中合わせの路線は、ワイルドを破滅させることにもなった。

　ワイルドのそうした生き方は、母親の願望に応えるものだった。ワイルドは、恐らく自覚さえしないままに、母親の教えの通りに生きたのだ。
アルフレッド・ダグラスとの同性愛を告発され、逮捕の危険が迫っていたとき、ワイルドは国外に逃げることもできた。しかし、彼は敢えてとどまり、捕縛される。ワイルドは、母親の教え通り、悲劇の英雄になろうとしたのか。母親は、まんまと逮捕を免れたというのに。

　結果的にこの選択が、ワイルドを社会的に葬ることとなる。当時の法律によって有罪判決を受け、投獄されたが、そのことによって誰よりも打ちのめされたのは、ワイルド自身だった。出獄後にイギリスを離れたが、もはや逆境をはね除《の》ける力さえなく、パリで零落した晩年を過ごしただけだった。

　落ちぶれて、生活費にも事欠くようになったとき、父親が遺した財産は、すでに母親が食いつぶした後で、その晩年をさらにみじめなものとした。

　焚きつけるだけ焚きつけておいて、後は知らん顔の母親に、ワイルドはみごとに振り回されたと言えるが、ワイルドの人生を父親との関係という観点で見たとき、彼の中の父親の欠如こそが、そのバランスの悪さの根源だったとも言える。父親などいなくてもいいというワイルドの口ぶりに、その落とし穴が用意されていたのだ。

結局、父親などいない方がましだという考えにしても、それは母親からの受け売りだったに違いない。そして、息子ではなく自分を愛することに熱心な母親の言葉をすっかり信じてしまったことに、ワイルドの悲劇があったようにも思える。

父親の不在は、ワイルドの心をバランスの悪いものにしてしまった。現実の中で生きる術を知っていた父親からではなく、空想的なヒロイズムを信奉する母親の意に従えば、人生が賭けのように、浮沈の激しいものとなっても仕方がないだろう。しかも悲しいのは、その母親はワイルドのことを本当に愛しているわけではなく、息子の才能だけを愛したに過ぎなかったということだ。

悪者としての父親

ワイルドの母親は、さまざまな意味で、現代の母親の先駆けだと言える。自らもわくわくする刺激的な人生を求めたという点においても、また、息子に、社会の義務や責任よりも、特別であれと教えたという点においても。そして、父親を悪者として貶《おとし》めたという点でも、そのことは言えるだろう。

優しく友達のような父親という父親像が一部にある一方で、むしろ近年広く流布され、多くの人が父親に対して抱きがちなものは、もっとネガティブで、どうしようもないものだ。

いてもいなくてもいい存在というのはまだましな方で、暴力的で、横暴で、母親や子どもを苦しめる身勝手な存在とか、無関心で自分のことにしか興味がない人という父親像も広がっている。父親像は、かつての社会で尊敬の対象とされた教師や権力者といった存在と同様、こきおろされ、叩かれて、かつて放っていた光芒をまったくと言っていいほど失ってしまった。

それは、自由と平等を旨とする戦後民主主義のもたらした〝成果〟でもあった。しかし、これまで述べてきたように、父親の権威を失墜させ、その存在感を消し去ってしまうということは、子どもの発達や成長にとって危険な一面をもつ。横暴で身勝手な父親を追放して、女性や子どもが安心して暮らせる家庭にするという対処法では、決して根本的な問題解決にはならないどころか、将来の禍根を用意する面もあるのだ。

中でも、父親に対するネガティブなイメージを、当たり前のように子どもに植え込んでしまうことは有害な副作用を伴う。子どもの健全な成長と成熟のためには、子どもは自分を愛し守ってくれる、知恵と力を備えた尊敬すべき父親というイメージを必要とするのだ。

それは、現実の父親がどうであるかという問題とは、また別問題だ。ネガティブな父親像を刷り込まれることは、大人や他者に対する不信感、ひいては自分自身に対する否定的な見方を用意してしまう。

ところが、現実には、実際よりも悪く脚色された父親像というものが、大手を振ってまかり通っている。本来、そうした事態を防がなければならない母親が、進んでネガティブ・キャンペーンに加担し、子どもの憎しみを掻き立て、嫌悪すべき父親像を子どもに植え付けるということも、日常茶飯に起きている。悪者としての父親というものを、当たり前のように受け入れ、それに疑問を抱くことなく、鵜呑《うの》みにしてしまう子どもも多い。だが、果たして、父親はそんなに悪者なのか。それほど許せない罪を働いたのか。

作られた悪い父親像

子どもの頃から、久美子（仮名）は、父親のことを、どうしようもなく横暴で、暴力的で、救いようのない人だと思い、心の底から嫌っていた。娘の久美子にさえ手を上げ、顔を叩かれたことも一度や二度ではない。怒りに火がつくと、理由も聞かず、いきなり叩いてくるのだ。自分の手におえないことには、すぐに感情的になり、一旦そうなると、もう抑えが利かなかった。

いっぽう母親は父親の憐れな犠牲者で、可哀想な人だと思っていた。どうしてあんな横暴な父親と一緒になってしまったのか、久美子は、母親に同情し、いつか母親を助けだしてやりたいという気持ちでいた。

それが、違った見え方をするようになったのは、久美子が結婚して、両親と離れて暮らすようになってからのことだった。母親から電話があるたびに、母親は父親の振る舞いを嘆いた。最初のうちは、以前同様に、父親に対して激しい怒りを感じ、母親が可哀想だと思っていた久美子だが、あるとき、夫が言った一言が、その見方を変えることになった。

「お義父さんばかりが悪者かな?」

夫の言葉がまったく理解できず、

「どういうこと?」と、夫に対して、最初は憤りさえ覚えたが、夫からその真意を聞くうちに、自分が事実よりも、先入観で事態を見ていることに気づかされた。

父親は実に単純な男だった。母親から言われたことに対して、ただ反応しているだけだった。父親がひどいことを言ったり、乱暴を働いたように見えるときも、実は先に引き金を引いているのは、母親ということが多かった。そして、父親の反応だけを切り取って、娘に嘆き、娘の心に怒りを掻き立てようとする。

そういえば、父親から殴られたりするとき、いつも母親が後ろで糸を引いていた。久美子が、母親の気に入らないことをすると、母親はそのことを何倍にもひどく父親の耳に注ぎ込む。焚きつけられた父親は、烈火のごとく怒って、久美子に暴力をふるうのだ。母親はまるで善意の第三者のような顔で、「お父さんに謝りなさい」と言う。ときには、「お父さん、やめて」と止めに入る。

でも後から考えれば、父親が知るはずもないことで怒るはずもなく、すべては見せしめのために母親が父親に告げ口をして、思い通りに動かしていたのだ。

そんな裏事情が見えてくるにつれ、母親から嘆きの電話がかかってきても、以前ほど熱心に話に耳を傾けることも、母親に同情し、父親に対して怒りを向けることもなくなった。

すると驚いたことに、母親は、久美子本人に攻撃の刃を向けるようになったのだ。

電話がかかってくるたび、不満や愚痴を並べた挙げ句、最後には、久美子を否定するような言葉を並べ始める。それを聞きながら、久美子は、母親にとって一番大事なのは、自分の思い通りになるかならないかということだと思い知らされた。

ずっと父のことを憎んでいたが、父のことを憎むように誘導したのも母親で、母親は自分への同情がほしいために、父親を最悪の父親に仕立て上げていたということに気づかされたのだ。

それでも、父のことを好きだとは思わない。今でも、生理的とも言える嫌悪を覚える。一旦嫌いになったものを、受け入れることは難しいのだ。だが、父もまた母の自己愛の犠牲者かもしれないという点で、自分と同じだと思うと、やるせないような憐れみを覚える。

横暴でひどい父親という悪者像は、しばしば母親によって作られる。子どもは、それをそのまま刷り込まれ、信じ続けることも多い。

しかし、それは真実の半分でしかない。人間は都合の悪いことは、すぐ忘れてしまう。自覚することさえなく相手を傷つけ、追い詰めていても、それに気づかないことさえも多い。

母親を愛するゆえに、不当な先入観を刷り込まれた子どもは、父親に対する怒りを長く持ちつづけることになる。その怒りが、いつか解けることがあっても、それが愛にまで変わることは稀だ。

母子カプセルから締め出される父親

かつて家の存在が大きく、家父長権がしっかりしていた時代には、父と子の結びつきが優先され、問題が生じた場合には、どちらに非があれ、母親が父と子の関係から締め出されるのが通常だった。

昭和の時代には、まだそうした風潮が強く、離婚するときには、女性の方が、実家に戻されるという形をとった。そうした時代には、父親や家の都合によって、子どもは実母との関係を引き裂かれるということがしばしばだった。子どもは家に属するとみなされたからだ。その結果、夫婦関係が破綻しても、父親は厳然として存在し続け、良きにつけ悪しきにつけ、子どもに深い影響力を行使した。

ところが、家や家父長権が消滅し、対等な男女の関係によって夫婦関係が営まれるようになると、状況は様変わりした。父親と子の関係は、所詮社会的な要素の強い結びつきだ。生物学的に深い絆をもつ母親との関係に比べると、家父長権の衰退は、そのまま父親の存在感の低下を意味した。

夫婦の間に揉め事があり、別れるとなると、子どもは母親と行動を共にすることが増える。生物学的な結びつきや世話という点で、子どもは、父親よりも母親を必要としたし、多くの場合、母親の方に強い愛着を示したからだ。

核家族化したうえに、子どもの数が減り、夫も仕事で不在がちとなる中で、さらに母子の結びつきばかりが強まることになった。双生児親子とか母子カプセルといった余人が踏み入ることのできない密着した関係が生まれるようになった。父親もまた、そこから排除されるようになる。父親は、外で生活費を稼ぐだけの存在となった。

ワイルドのケースも、そうした観点で考えるならば、母親と息子との母子カプセルから父親が締め出された状況にあったと解することもできる。

母子カプセルに取り込まれた子どもから見ると、カプセル外にいる父親は、無用の取るに足りない存在とみなされる。母親こそが最高の理解者であり、支援者だと考え、それ以外の見方が入り込む余地はない。

締め出された父親は、あらゆる排斥が、被害妄想やスケープゴート化と不可分であるように、しばしばモンスターや人格欠陥者に仕立て上げられ、母と子は自分たちの排斥を正当化しようとする。もちろんそれを主導するのは母親だ。父親に対する嘆きや悪口を始終子どもに注ぎ込むことで、父親に対する蔑みと憎しみを植え込む。
ワイルドの父親に対する冷たい眼差しは、まさにそうした操作の結果だっただろう。

常態化する父親の排斥

家と家父長権の崩壊によって、母親と父親の立場はすっかり逆転した。母親は、その生物学的に有利な立場を利して、子どもを人質にとったのだ。一旦、母子カプセルが形成されると、母親と子どもが交わす会話から父親は締め出される。といって、母親は子どもと完全な調和のとれた、安定した愛着の状態にあるわけではない。父親を締め出した母親と子どもの関係は、所詮、母親による支配という関係だ。母親は子どもを独占することによって、思うがままの支配を手に入れるのだ。

逆に言えば、父親の存在は、子どもを独占する上で邪魔だったのだ。自分のやり方にチャチャを入れたり異を唱えたりする父親など、自分の思い通りに子どもを育てたい潔癖な母親にとって、不純物の混入のような不快さを催させ、我慢ならなかったのだ。

子育てだけでなく、問題は生活全般に及ぶだろうが、最後に行きつく結論は、父親面して、自分と同等の権利を主張しているもう一人の存在が邪魔だということだ。早晩、邪魔物を排除し、純粋なわが子との独占的な関係を手に入れようとする。父親のさまざまな欠点や問題行動は、それを正当化する口実となる。

母親の嘆きを前に、子どもは父親に対する愛着を捨て、嫌悪や憎しみに変える。世間に蔓延している父親に対するネガティブな感情は、ほとんどすべて母親由来のものだ。父親に対する母親の嘲りや愚痴や敵意を、子どもはそっくりそのまま貰い受けてしまう。母親に同調するがゆえに、母親の父親に対する嫌悪感や反発にも同調するのだ。

しかし、元はといえば、その嫌悪感や反発の根源は、自分以外の異物に対する拒絶反応だとも言える。父親を追い出し、自分だけが親になることは、不幸な失敗なのではなく、なるべくしてなった本来の目的だったのだ——。

こうした見方をすれば、家族の形には、子どもの父親を追い出し終わった最終的な形と、父親を追い出しきれていない中途半端な形の二つがあることになる。異物を排除しようという欲求は、ともに暮らした年月が長引くほどに高まっていく。

子どもをめぐる母親と父親の戦いにおいて、その勝敗の決着は最初からついている。よほど重大な欠陥が母親にあって子育てに堪えられないか、母親自身が子育てを拒否しない限り、母親は子どもを父親から奪い、自分だけのものとすることができる。自己愛的な母親にとって、子どもは自分だけのものであるべきであり、他人との共有物であるなどということは受け入れられない。

母親から、父親がいかにひどい存在であるかを吹き込まれて育った子どもは、父親を追い出したのは、当然のことだったと納得し、母親に同情しこそすれ、父親にひとかけらの憐れみをかけることもない。

しかし、それも青年期に達するまでの話だ。早い子であれば、中学生になる頃には、母親のまやかしに気づき始める。父親を排斥するために並べ立てる口実に、苛立ちを覚えるようになる。

それはお前に都合のいい口実だったのではないのか。どういう理由であろうと、お前は、自分の忍耐の足りなさや身勝手さのために、子どもから父親を奪ったのではないのか。自分だけが子どもを独占するために、父親を締め出しただけではないか。お前なんかに、独占されたくはなかった。お前の勝手な都合で、父親を奪わないでほしかった。

思春期・青年期に差し掛かり、もやもやとしたものを抱き始めた子どもたちは、まだ明確に言葉にすることはできないものの、母親が何らかのまやかしを働き、とりかえしのつかないことをしてくれたと感じ始める。誰よりも信頼し、愛した存在であった母親が、実は、最大の裏切り者で、強奪者だったのではないかと疑い始める。

子どもは怒りを母親にぶつけ始める。母親を殴り、暴言を吐くか、それができないものは、自らを痛めつけ、損なうことで、間接的に母親に怒りと苦しみを味わわせようとする。

母親は慌てる。こんなにも苦労して、手塩にかけて育てたわが子が、自分に歯向かい、敵意を向けることが理解できない。あんなに自分のことを信頼し、愛してくれた存在が、今になって怒りと憎しみの権化と化さねばならないのか、まったく腑に落ちない。一体、何をしたというのだ、この自分が。

母親は、自らが自覚もなく、してしまったことをすっかり忘れている。それは、心ならずも子どもから父親を奪ってしまったということだ。子どもは、母親の苦労、その心中を知るだけに、表立って歯向かうことは無論、心の中で、母親を憎むことすらできない。そうなったとき、子どもは自分の存在自体を呪うしかない。こんな自分は、最初からいなければよかったのだ、生まれてこなければよかったのだと思うほかない。

なぜこんなことが起きるのか。

それは、子どもというものが、本来、父親と母親の両方を必要としているからだ。父親も母親も愛したいからだ。子どもにとって、一人の親に独占されるよりも、父親と母親に共有されて、どっちつかずに育つことが、もっともバランスの良い、健全な成長を遂げやすいからだ。父親と母親という異質な存在の間に、微妙なバランスをとることの方が、自己確立を成し遂げやすい。二つの極の間にあるが、どちらの極からも自由であるという関係が、主体性や個性を育む上で、具合がいいのだ。

ところが、一人の親の強い支配を受けてしまうと、その子は、鋳型で押したような窮屈さを抱えてしまう。主体性でも個性でもない、母親が望んだ通りの、薄っぺらいコピーにさせられかねない。世の中ではうまく通用しないということも起きやすい。

バランスの良い発達のためには、父親というもう一つの極が必要だったのだ。
だが、そうしたことは、驚くほど軽く見られがちだ。

夫より母親を選んだ女性

悲痛な顔の中年女性が中学一年の息子をつれて、相談にやってきた。息子が急に荒れだしたというのだ。話を聞くと、息子の啓（仮名）が学校をずる休みしたり、万引きをして補導されたりしたのは、その年の一月からだという。

何か思い当たることはないですか、と訊ねると、女性は特にないと言ってから、少し間をおき、実は、昨年の秋に、夫と離婚したが、今回の息子のこととは関係ないと思うと付け加えた。

意外な答えに、どうしてそう思うのかと訊ね返すと、息子はもともと父親が好きでなかったし、離婚することにも納得して、賛成してくれたからだという。

「でも、関係ありますかね？」と、少し心配になったという様子で、女性は訊ね返した。関係ないわけがなかった。

「大ありでしょうね」と言うと、女性は、なおも不服そうに、「父親のことなんか、何とも思っていないみたいですが」とつぶやいた。

「それにしても、どうして離婚されたのですか」と理由を問うと、「ずっと嫌だったんです」と言う。

「何が嫌だったんですか」と、さらに訊ねるが、あまりはっきりとした答えは返って来ない。

浮気やDVのようなことでもあったのかと聞いても、そうではないという。それどころか、離婚話が出るまで、ケンカらしいケンカさえしたことがなかったという。

「別にどこが悪いというわけではないんですが、一つどうしても許せないことがあったんです」

「ほう、それは何ですか」

女性の答えは意外なものだった。

「主人が、母のことを嫌そうにするのが、許せなかったんです」

さらに事情を聴いて、驚いた。彼女の母親は、毎週泊まりに来て、しかも二、三日泊まっていくことを恒例にしているという。

「ご主人からしたら、嫌がるのも当然じゃないですか」

「でも、母が来てくれるから家事もしてもらえるし、子どもの面倒も見てくれるので、私にとっては大助かりで。それに、母とはぴったりなんです。阿吽《あうん》の呼吸っていうか、痒《かゆ》いところに手が届くようにしてくれるんです。でも、夫とはそうはいかなくて。すれ違いばっかり。こんな嫌な思いをしてまで、この人といる意味があるのかと思って。どちらをとるかとなったら、考えるまでもなかったんです」

「ご主人よりもお母様を選んだわけですか」

「ええ」

「だけど、よくそんな理由で、旦那さんは、離婚を承知しましたね」

「最初は、納得がいかない様子で、別れるのは嫌だと言っていました。でも、私が言い続けたので、もう無理だと思ったのでしょう。最後には折れて」

「ご主人は今どうしているんですか?」

「詳しいことは知りませんが、どっかのアパートで一人で暮らしていると思います。養育費さえ入れてくれたら、それ以上は、私には関係ないことですし」

「でも、息子さんには、関係あるんじゃないですか。私が息子さんなら、お母さんを一発ぶん殴ってやりたくなりますよ」

「そんなにまずかったですか」と、いまさらのように女性は顔をこわばらせた。

母親に対して違和感や反発を感じ、ぎくしゃくし続けるケースも多い一方で、意外に多いのは、こうした母子密着のケースだ（といっても、啓と母親ではなく、母親とその母親の関係だが）。優等生で良い子のケースほど、その割合が高い。母親はすべてをわかって、すべてを管理してくれる。最高の親友であり、パートナーであり、マネージャーであり続ける。友人も、恋人も、配偶者も、母親に比べれば、本当には信頼できない、中途半端な、無理して合わしている相手でしかない。結婚した場合も、恋愛状態が醒め、性的な結びつきが薄れてくる頃には、異物感ばかりが強まり、しだいに邪魔物に思えてくる。

驚くべきは、そうした状況に対する母親の態度だ。このケースの場合も、母親は娘を宥《なだ》め、離婚を思いとどまらせようとするどころか、むしろ娘に、旦那の悪口を言い、離婚を焚きつけ、離婚話が進んでからは、婿がさっさと諦めて離婚を受け入れるように加勢した。夫が離婚を仕方なく受け入れたのも、妻から離婚を迫られた以上に、姑からねちねち説得されて、いたたまれなくなったという事情があった。

母親からすると、婿は娘との関係に割り込んできた闖入者であり、三角関係を解消して、娘を独占したいという潜在的な願望を抱き続けていたに違いない。それが、婿を追い出し排除する形で成就したわけだ。これからは、心おきなく娘のところに入り浸り、もっと大きな顔をして娘のために役立つことができる。

しかし、それは母親としての行動というよりも、母親の自己愛的な満足を優先してしまったに過ぎない。母親は、娘のために、と思い込もうとしているかもしれないが、結局は自分の安楽と独占欲のために、娘から夫を、そして、孫から父親を奪ってしまったのだ。

こうした母親のケースは、決して例外的なものではなくなっている。成熟した母親ならば、わが子の幸福を願い、夫婦や親子関係の間に介在することを遠慮し、自らは身を引こうとする。それは、主役を譲るということであり、淋しさも伴うが、子どもの自立と幸福のために、その淋しさに耐えようとする。

しかし、自己愛的で未熟な親は、正反対な行動をとる。主役であり続けようとし、わが子に対する特別な地位を譲ろうとしない。恋人や配偶者となる存在に、一旦その座を明け渡したかに見えても、内心ではまだ固執し続けていて、隙さえあれば、その座に返り咲こうと、無意識のうちに画策し、関係を引き裂く方に動いてしまう。

孫である啓の立場から、この状況を見たとき、これまで特別に仲が悪かったわけでもない父と母が、急に離婚するということになり、一番忍耐強く、人間的でもあった父親が、家族から排除されるという状況を、あたかも父親にひどい問題があるように説明され、父親をなじる言葉を聞かされ、挙げ句の果てに父親を失うという状況に至って、何か解せない、やり場のない怒りのような感情を覚えただろう。それは、まったく当然の反応だ。母親も祖母も、独善的な視点でしか事態を見ていないが、息子の啓だけは、もう少し冷めた目で、事態を見ていたに違いない。

父親がいたからこそ、啓の行動は、これまでどうにか抑えられていた面もあった。父親は抑止力でもある。それを、妻や姑は、無愛想で鬱陶しい存在としか見ず、あんなのはいない方がましだと追い出した途端、重石がとれたように、息子が暴れ出したのだ。父親を追い出した母親の身勝手さに対する無意識的な怒りに加えて、父親という抑止力がなくなったのだから、行動の暴発が起きやすくなるのは必然的な結果だ。

母親も、やがて自分の状況を、もう少し客観的に振り返るようになり、自分が母親に支配され、母親の言いなりになる中で、母親以外との関係をおろそかにし、夫を疎ましく思うように誘導されていたことにも気づいた。そして、このままでは、息子との関係までおかしくなってしまうという危機感をもち、ようやく母親に対して、泊まりにくる回数を減らしてもらい、息子との関係を大事にしようと考えていた。

しかし、いまさらそんなことをしたところで、息子からすれば、失われた父親が戻ってくるわけではない。父親を追い出した母親と、心のどこかに反発や敵意を秘めながら、密着した関係を強要されるとしたら、もっと堪らない。それも母親の身勝手としか受け取れないだろう。

決して語られることのない息子の本心は、父親の前に手をついて謝り、戻ってきてくれるように泣いて頼んでみろ、引きずってでも連れて帰ってこい、嫌でも我慢して、つべこべ言わずに仲良く暮らしてみろ、というところだったかもしれない。しかし、そんなことを言うこともできず、間接的な形で怒りをぶちまけ始めたのだ。

離婚で父親を失った子どもたちの少なからずが、表面的に母親をいたわり、愛しつつも、心の奥底に怒りや反発を秘めてしまいやすいのも、親のエゴを子どもは見抜くようになるからだ。

このままでは、啓は、父親が家から追い出されたことに対して、それなりに尊敬していた存在が、ありもしない汚名をなすりつけられたまま失脚したときのような、何か納得できない、もやもやとした思いを引きずるだろう。こうした理想化対象を失う体験は、その子の心の発達に影響せずにはおかない。

そうした場合、まず起きやすい反応は、大人や他人に対する不信感だ。人を尊敬したり、信頼したりすることが難しくなる。尊敬していた存在が、弾劾され追放されるのを目の当たりにしただけでなく、自分が愛する存在も、そうした弾劾や追放に加担したということが、子どもを二重に傷つけ、人間そのものに対する不信と絶望に陥らせるのだ。

さらには、正義や公正さといったものに対する信頼もなくなり、自己愛と欲望しか信じられなくなってしまう。手本たる人さえも、自己愛や己の感情にしか生きていないと見せつけられるのだから、子どもがそう思うのは自然な成り行きだ。

未来を信じ、向上しようと努力することも、もはやたわごとでしかない。目標としていた尊敬すべき存在さえも、いとも簡単に失墜し、みじめなものになり果てるとしたら、目標に向かって努力したところで何になるだろう。むしろ、この世は欲に動かされただけの世界で、やりたいことだけをして身勝手に生きればいいのだと、学ぶことになる。彼が無軌道な非行へと暴走し始めたのは、むべなるかなだった。

エディプス・コンプレックスの現代的な意味

ケースによっては、父親と子どもの折り合いも悪く、子どもも両親の離婚を積極的に望んでいたと語られる場合も少なくない。だが、そこで気をつけなければならないのは、父親に対する子どもの評価というものは、母親の父親に対する評価に強く影響されるということだ。子どもが父親の排除に積極的だったという場合も、実は、母親の意を汲んで、そう動いていたということが少なくない。

母とまぐわい、王である父を殺す運命にあるとの不吉な予言を免れるために、川に捨てられたエディプスが、農民夫婦に拾われて育てられ、その予言を実現してしまうという悲劇は、現代的に解釈すれば、見捨てられた子どもの、無意識的な復讐の物語だとも言えるが、そこには、語られていないもう一つの無意識のダイナミズムがある。

それは、子どもを奪われた妻の夫に対する怒りであり、子どもを取り返そうとする怨念だ。それが、子どもをして夫を排除させ、母子の密着した関係を取り戻させる。言うなれば、母親の願望を体現した息子が、父親から母親を奪い返すということだ。

そうした事態は、現代では珍しくない。父親殺しに加担するのは、子どもの無意識的衝動だけでなく、子どもを自分だけのものとして取り戻したいという母親の無意識的願望のなせる業でもある。

実際、今日起きていることを見る限り、エディプス的な願望は、子どもの願望である以上に母親の願望だということだ。それは、エディプス・コンプレックスというよりも、母親イオカステーの欲望に子どもが呑み込まれた結果だと解することもでき、イオカステー・コンプレックスという名の方がふさわしいかもしれない。

このように、父と子の関係は、父と母の関係に影響されやすい。父と母の関係が不安定だと、父と子の関係も不安定になりやすい。父親に対する母親のネガティブな感情に、子どもも巻き込まれずにはいられない。

娘を婿から取り返す母親

母親が父親を排除するのならまだしも、母親が娘の夫を排除することで、娘の子が父親を失うという悲劇は、もはや珍しいものではない。次のケースもそうした一例だ。

麻由佳（仮名）は、夫と熱烈な恋愛で一緒になった。二人の子どもにも恵まれ、すべて順調かと思われたが、最初の子が生まれた頃から、些細な諍いを繰り返すようになり、二人目の子どもができてからは、夫の些細な一言で爆発し、大喧嘩になってしまうことが増えた。そして、とうとう離婚にまで至ってしまったのだ。

諍いが増えた背景には、麻由佳がとても潔癖な性格で、しかも、傷つきやすく、ちょっとしたことでも自分のことを貶されたように思うと、激しく反発してしまうということがあった。麻由佳は、子育てがあまり好きでなく、家庭に縛られることもイライラの原因だった。自営業を営む夫は、年中忙しく、麻由佳に、家のことをすべて押し付けようとしているように思えた。

しかし、関係がぎくしゃくするようになってからも、夫には離婚しようというような考えはなく、麻由佳も、本心から離婚したかったわけではない。夫にもっとわかってほしい、もっとかまってほしいという気持ちの方が強かったのだ。だが、カッと頭に血が上ったときには、もうやっていけない、別れたいと口走ってしまうようになった。そう言って脅しをかけることで、夫に変わってほしいという思いがあったのだ。

ところが、母親の方は、娘の嘆きや叫びを文字通りに受け取り、自分の可愛い娘を苦しめているということで、激しく婿を責めるようになった。そして、とうとう「出て行ってください」という言葉を投げつけてしまったのだ。

母親は、娘が最初の子を出産した頃から、何かと世話を焼きに、娘の家庭に入り込むようになり、二人目ができてからは、子育てや家事が苦手な娘に代わって、ほとんど家政婦のように取り仕切るようになっていた。娘と夫との間がますますぎくしゃくして、不仲になった一因には、姑が居座って、夫婦だけでのコミュニケーションも取りにくくなり、夫の方もおもしろくなく感じていたことがあったと思われる。

しかも、母親は、大きな企業のサラリーマンか公務員に娘を嫁がせたいと思っていたので、自営業の婿のことを、あまり気に入らなかった。やることなすことに、チクチクと不満や悪口を言い、そのときは、娘は旦那をかばうのだが、いざ旦那と接する段になると、母親から指摘された点が余計に腹立たしく思えて、辛辣なことを言ったり、責め口調になってしまうのだ。

第三者の目から見ると、娘を婿に取られた母親が、逆襲のため、二人の仲を裂いたという構図だった。妻から少々の暴言を浴びせられても、何とか耐えていた婿も、姑から投げつけられた「出て行ってください」という言葉は、忍耐の限度を超えるものだった。

そもそもそこは二人の家であり、姑からそんなことを言われる筋合いはなかった。男としてのプライドが、夫婦を続けることを許さなかった。妻というよりも、その背後にぴったりと寄り添っている姑と縁を切りたかったのだ。こうして、妻は夫を失い、二人の子どもは父親を失った。

冷静になって振り返ったとき、娘は離婚したことを後悔し、やり直したいと思うようになった。だが、男としてのプライドを傷つけられた夫は、それを拒否した。その一事が許せないというだけでなく、いままで耐えてきた不当な仕打ちのすべてが、強い拒絶反応となり、もはや受け入れられなくなったのだ。

しかし、もっとも犠牲となったのは、二人の子どもだ。子どもが大人の都合で父親を失ってしまったということだ。

否定的な父親像を植え付けられた場合

父親に対する母親や周囲の思いが、憎しみや嫌悪といったネガティブな感情で彩られている場合、父親に対する子どもの気持ちを歪められるだけでなく、子どもの自己肯定感まで損なわれやすい。

わが子は愛すべき存在であると同時に、父親の血を分けた存在であるがゆえに、憎らしい感情を思い起こさせる存在でもある。愛情と憎しみの両価的な感情を、母親は、意識的、無意識的に子どもに対して向ける。

「あの男にそっくりだ」と、父親に対する憎しみを、子どもに重ねて口にする場合もある。父親に対する母親や周囲のネガティブな感情は、言葉の端々や空気となって、子どもに伝わる。

子どもは、人格を否定する母親の非難や冷笑を通して、悪者とされた父親に出会う。それは愛する者の憎しみや敵意を映し出す存在であり、人生で最初に出会う悪者だと言ってもいいだろう。

子どもは、身近な大人を理想化対象として取り込み、自らの自己愛を育んでいく。通常は、女性の理想化対象として母親がおり、男性の理想化対象として父親がいる。

否定的な父親像を植え込まれることは、男性の理想像を育みにくくする。代わりとなる身近な男性が、そうした役割を果たしてくれればよいが、うまく補われない場合、大人や他者への信頼感や自尊心の発達にも影響し、世界に対して否定的で悲観的な見方をし、誰に対しても斜に構えた態度をとるようになる。

愛着障害としてのＤＶ

父親が悪者とみなされる理由の最たるものは、その暴力的な攻撃性だ。身体的な暴力だけでなく、言葉や態度による嫌がらせであるモラル・ハラスメントも含めて、ＤＶと呼ばれる。ＤＶを行う男性の多くは、他者との距離がとれず、自分の所有物のように恋人や配偶者を扱ってしまう傾向をもつ。

ＤＶに陥りやすいタイプの人も、通常、まったくの他人に対しては、問題なく接することができる。ところが、自分の愛する存在となると、自分との境界があいまいになり、きわめて未熟な対象関係しかもつことができない。つまり、母子融合の状態を卒業できていないのだ。

女性がマザコン男性を本能的に嫌うのは、母親からのコントロールを受けていて結婚生活で苦労を強いられるということもあるが、それ以上に男性自身の精神的な未熟さを、本能的な嗅覚で感じ取るからだろう。母子融合の名残を引きずる存在には、大人の男として一人の女性を守り、愛することは難しい。それは、女性たちがいみじくも見抜いた通りなのだ。

ＤＶに至る男性は、母親にべったりか、母親とまったく険悪な関係にあるかどちらかということが多く、母親との関係を健全な形で卒業できている人は稀だ。父親不在か、父親の暴力を見て育ったという悪条件が揃うことも多い。いずれにしろ大部分のケースに共通するのは、愛着障害を抱えているということだ。

男性の愛着障害にＤＶという問題を伴いやすいのは、男性の愛着を司るホルモン、バソプレシンの特性を考えても理解できるだろう。バソプレシンの重要な働きの一つは、愛する者を守るため、外敵を攻撃するのに必要な勇気を賦活することだ。同じ攻撃性が、愛する者を攻撃することに使われてしまうのがＤＶだ。いかに本来の役割を踏み外し、倒錯してしまったかは明らかだ。それが愛着が障害されているということの意味なのだ。

では、愛着障害を抱え、愛する者に暴力をふるう夫だけに問題があるのかといえば、話はそれほど単純ではない。

愛着障害は、配偶者との関係によって改善することもあれば、悪化することもあることがわかっている。夫婦間の暴力がある時期から激しくなるということは、とりもなおさず、両者の間の愛着が不安定化したということにほかならない。

夫自身が、元々愛着障害を抱えていたのだとしたら、今になって愛着が不安定になった原因は、夫自身の問題によるというよりも、むしろ、妻が安全基地として機能しなくなったという場合が多い。妻が、他のことに関心やエネルギーをとられ、夫にかまっていられなくなったのだ。不安定な愛着の夫は、それでたちまち不安定になり、妻に対して攻撃的になったのだ。

もちろん、夫や妻にかかる外部からのストレスが重なっている場合も多い。職場の過剰なストレスや子どもの問題、経済的な危機といったことは、お互いから精神的な余裕を奪い、互いへの思いやりや関心を薄れさせ、関係をぎすぎすしたものにしてしまう。いずれの状況も、お互いが安全基地として機能するのを妨げる。

こうした背景を考えると、ＤＶという行動だけを取り上げて、その点だけを問題視することは、根本的な問題解決にはならず、むしろ、回復から遠ざかってしまう事態も招きかねない。

離婚することが目的なら、ＤＶということをやり玉に挙げ、夫だけを問題視し、調停や裁判にかけ、夫を排除することも意味があるだろう。しかし、本当に望んでいることが離婚ではなく、円満な家庭を取り戻すことだとしたら、ＤＶという捉え方で夫を断罪し、裁判にかけ、離婚を勝ち取ったところで、本当の幸せを手に入れられるかどうかは危うい。そして、もっとも傷つき、その将来を歪められるのは、父親でも母親でもなく、子どもだ。子どもはＤＶで離婚させられた父親という十字架を一生背負わされることになる。

ＤＶという見立てや介入プログラムは、アメリカから入ってきたもので、銃社会で暴力犯罪が日本の数倍も多いアメリカでは必要なのかもしれないが、アメリカ型のドライな社会の流儀を、果たしてお手本にすべきか疑問が残る。アメリカでさえ、それが本当の意味で有効に機能しているかは、その現状を見る限り疑問だ。アメリカでは、父親のいない家庭で育つ子が、子ども全体の三分の一を占める。そして、父親のいない家庭で育った子どもは、将来の犯罪や薬物依存や離婚や貧困、そしてＤＶのリスクが何倍にも増えることがわかっている。

お互いの安全基地を目指す

パートナー同士のかかわりは、夫婦間、恋人間の愛着を安定化させることもあれば、逆に不安定にすることもある。愛着は、対人関係の土台であり、精神的な安定の土台でもある。愛着が安定しているとき、パートナーが安全基地として機能している。パートナーとの関係がうまくいっているとき、お互いが安全基地となっている。

安全基地とは、困ったことがあったとき、何でも打ち明け、受け止めてもらえる存在だ。どんなときも、大丈夫だと言ってくれる存在だ。

パートナーが安全基地として機能している間は、平穏な生活が維持される。しかし、他に負担が増えて、パートナーがそちらにエネルギーを奪われ、安全基地としての役割が疎かになってくると、不安定な兆候が顕われやすい。アルコール依存、浮気、DVといった問題は、代表的なものだ。親から見捨てられた子どもが非行に走るように、パートナーから放っておかれた大人も、「非行」に走ることで自分を紛らわそうとする。

そこで、本人を責めたり突き放して、安全基地としての機能を停止してしまうと、ますます事態をこじらせる。初期の段階であれば、むしろ安全基地としての機能を取り戻す方向に努めることで、DVなどの問題も改善する。

問題行動だけに目を奪われ過ぎず、もっと大きな視点で関係を見ていく必要がある。思いやりのない行動や不機嫌、言葉の暴力やＤＶ、家族に対する無関心、アルコール依存などの逃避的行動も、もとをたどっていくと、夫自身が安全基地を失い、やり場のない思いを抱えているということが多い。

そこには当人の問題も関係するが、職場でのストレスといったことも重なっているし、パートナーが安全基地として機能しなくなっていることが追い打ちをかけていることも多い。

事態を改善するためには、安全基地としての機能を取り戻すことが必要なのだが、互いに疲弊し、落ち込んだりイライラしている状態では、それも難しい。

まずは、第三者が、本人たちの安全基地になって、その思いやつらさを受け止め、その上で何が起きているかを整理し、どうしたいか、そのためには何が必要なのかを話していく。

ある程度事態が深刻化し、どちらも傷つきやすくなり、怒りがすぐに暴力や暴言につながってしまう段階になると、距離を取らせ、冷静さを取り戻させる働きかけも必要になる。

夫の発達障害や愛着障害、妻の更年期障害やうつ状態が事態を悪化させている場合には、それらを改善することで、互いにイライラすることが減り、また完璧主義の傾向がやわらいで、円満な夫婦関係や親子関係を取り戻すケースも多数経験している。

あまりにも傷つきすぎて、ある程度元気と平静さを取り戻した後も、やり直すことが困難だと感じれば、関係に終止符を打つこともやむを得ないだろう。しかし、その人の望んでいることが関係を壊すことではなく、回復させることだという場合には、もう一度、互いが安全基地になって、互いが成長していける方向に努めてみることだ。

司法的モデルの限界

残念ながら、これまで行われた夫婦間の問題への介入は、妻をサポートすることにばかり力点が置かれ、夫を「悪者」として扱いがちだった。そうした介入の結果は、大抵、夫婦を別れさせるという方向に向かわせる。それによって、子どもは父親を失うことになるばかりか、「悪い父親」という否定的な父親のイメージを生涯背負わされる。誰が、自分の父親が母親を苦しめた悪い父親で、縁を切るしかないほど救いようのない人間だったと思いたいだろうか。だが、その否定的な父親像が、半ば作られたものだとしたら、それは、何重もの悲劇に思える。

悪循環を防ぎ、関係を修復するうえで大事なのは、一つ一つの行動の善悪にとらわれ過ぎず、もっと大きなダイナミズムで問題を見るということだ。関係を破壊するプロセスが進み始めた状況では、一つ一つの行為だけを問題にしても、全体は見えてこない。行為の善悪だけを問題にすることは、関係の修復ではなく、関係の破壊に手を貸すことになる。相手が、傷つけたから、傷つけ返したのだという攻撃の連鎖は、一つ一つの攻撃を問題にしても止められない。

男性側の問題としてしばしば現れるDVという事態において、その最終的な結果だけを見れば、攻撃性に勝る男性の行動は、より侵襲的で、有害なものとなり、男性に非があるということになる。そして、男性を悪者と見なし、DV男性、DV夫というレッテルを張り、断罪し、女性の生活圏から排除するという対応にもなりやすい。

もちろん、そうした対応が必要な段階に至ってしまっているケースもあるのだが、こうした対応は、加害者―被害者という司法的なモデルに基づくものであり、法的な決着を図る場合には有効であっても、心理社会的なレベルの関係修復にはつながらない。関係を修復するというよりも壊してしまうという方向に向かいがちだ。あくまで最終手段であり、本当に必要なのは、もっと手前の段階で、関係を修復する対応だ。

こうなってしまうのも、そもそもDVという捉え方自体が、近視眼的で、起きている事態の一部にだけ焦点を当てた概念だという限界による。その用語には、感情的な非難のニュアンスや被害者意識も強く、真の問題解決に不可欠な中立的な視点に欠けている。

DVという視点でパートナーを見るようになった女性は、「加害者」と「被害者」という視点でしか関係を見られなくなり、相手を「加害者」「悪者」とみなすようになる。そうした女性側の反応は、関係を改善するどころか、相手の不信感をさらに強めてしまいやすい。その結果、逆に攻撃をエスカレートさせ、結局離婚という方法でしか決着がつかない事態を招いてしまう。

積極的に離婚が必要な場合も

逆に、ケースによっては、離婚が積極的な意味で必要な場合もある。離婚しない限り、その人の主体的人生を取り戻すことが困難だという状況に陥っている場合だ。それもまた、父という病と深くかかわっていることが多い。

その典型は、女性が、父親代わりの存在と悪しき依存関係に陥ってしまっている場合だ。そうした状況において、女性は自分の主体性を放棄し、相手の庇護によってしか生きていけないと思い込んでいて、精神的、経済的に依存する。性的にも精神的にも経済的にも男性に隷従し、男性の所有物としての自分を受け入れることで、心の安寧を保とうとする。こうした状況に、配偶者間暴力が伴っている場合も多い。

結婚が、こうした状況に女性をとどめるための〝鳥かご〟として機能しているとしたら、その結婚は、その女性の主体的人生にとって、最大の障害ということになる。

母子分離の段階をクリアできていない女性は、しばしばこうした状況に陥りやすい。この状況を脱することは、その人にとって、人生の課題でもあるのだ。こうした依存的な生き方を見せること自体が、子どもにとっても有害だ。

女性が自立心に目覚めたとき、こうした依存的な関係を解消しようとするのは、必然的な要請だ。この鳥かごのすべてが有害だったというよりも、ある時期まで、安心感を育むのに役立った鳥かごだったかもしれないが、もはや不用などころか、新たな成長を阻害する纏足《てんそく》になってしまっているという場合も多い。

隷従を脱し、自立した生き方をすることは、子どもにとっても良い手本となる。子どもがいる場合には、結婚という形を超えた、父親との新たなパートナーシップを模索する必要がある。

依存的な結婚生活は、男性の側から見ると、思い通りになる女性、いつも自分の言うことだけを聞いてくれる女性、つまり〝理想の母親〟を手に入れるという意味をもっていることが多い。つまり、男性の側も母子融合の段階を引きずっていて、大人の男になりきれていなかったり、父親との葛藤を抱えていて、支配の関係でしか、女性とかかわれない。

つまり、男性にとっても、こうした依存的な結婚は、乗り越えられるべき中間的な段階のものだということだ。男性が主体性をもった存在に成長しようとするとき、こうした結婚は存在意義を失う。より自立した関係に向かうためには、離婚は必要な関門となる。

第7章

永遠の父親

父親を求め続ける子ども

父親は、母親以上に、心理社会的な状況に左右される存在だ。父親がこれほど大きな役割を果たすのは、人類に特異的に進化した営みというだけでなく、農耕の開始以降、文明の成立とともに発展してきたかかわりだ。

文明がより高度なものとなり、社会が複雑化すればするほど、父親の役割は増大するはずだ。にもかかわらず、父親の存在が稀薄になるという事態が進行しているのには、これまで父親が担ってきた役割が、社会の仕組みの中に置き換えられ、現実の父親から奪われてしまったということも関係しているだろう。

たとえば、教育という制度は、ある意味、一人の父親ではなく、複数の、しかもより高度な知識や技能を有する父親代わりを提供する仕組みでもある。制度としての教育に頼る部分が増大すれば、社会と家庭のつなぎ役だった父親の出番は少なくなる。父親と遊んだり、仕事を手伝ったりするよりも、学校や塾に行って、先生から学んだ方が役に立つということになる。

逆に、父親が無理をして子どもに自ら教育をしようとしたりすると、子どもと父親の適切な距離が損なわれ、むしろ子どもを支配してしまうという問題が起きてしまう。

かつて、仕事の親方を兼ねることも珍しくなかった父親は、そうした役を引き受けることも稀で、父親がかかわる余地は限られたものとなる。教育や産業の集権化、大規模化は、父親の役割を限りなく希釈してきた。その費用を稼ぐことが、ほとんど唯一の使命とさえなったのだ。

しかし、これまでの章で見てきたように、子どもの中にある父親への希求は、社会が変わったほどには変わっていないのかもしれない。不在の父親を求める気持ちは、むしろ激しい渇望と言えるほど強力で、その子の人生を背後から操っているとも言える。

結局、子どもには母親も父親も必要なのだ。それぞれには、得意とするかかわり方があり、得意とする時期がある。乳幼児期においては、母親の役割は圧倒的に重要だ。忍耐強く、行き届いた世話をするということにかけて、所詮父親は母親には敵わない。

しかし、子どもがもう少し大きくなるにつれて、父親の役割は増大してくる。まずは、母親からの分離を助けるとともに、子どもに世の中の掟や厳しさというものを教える。また、遊びということにかけては、父親は母親の追随を許さないものがあり、子どもたちの行動や知的好奇心を刺激する。さらに思春期から青年期にかけ、父親の存在は一段と重要性を増す。社会へと誘う導き手として、エスコート役、コーチ役、ときには、反面教師役を果たす。

こうした父親のバックアップを受けられる子どもは、幸運だと言える。それは生きていくために必要不可欠ではないまでも、あった方が有利なものだ。それゆえ、子どもは父親を求める。現実の父親が用をなさない場合は、心の中に作り出した理想の父親像を追い求めることによって、現実の欠如の埋め合わせをしようとする。

母親との関係が、子どもの存在の根底的な安定にかかわっているのに対して、父親との関係は、子どもがどちらに向かって歩んでいくのかという人生の方向性や社会への関与の仕方にかかわる部分が大きい。父親は手本となるにしろ反面教師となるにしろ、自らの身をもって、その人生の成功と失敗によって、わが子にこうなるべき、あるいは、こうなってはいけない人生を教える。

今では、すっかり父親のことを見下していたり、どうでもいい存在としか思っていない人でも、もう思い出せないくらい過去において、父親に同一化しようとした時期があるものだ。そして、そんな憧れは、父親を恐れる気持ちと愛する気持ちの間での葛藤を乗り越えようとして、子どもがたどり着いた境地だった。

やがて父親に対する憧れは色あせ、子どもは父親から距離を取り、独自の歩みを始めるが、それは自己確立へ向けた大切なステップだった。この新たな段階を父親が受け止め、静かに見守ってくれると、子どもは必要なときだけ助けを求め、スムーズに自立していくことができる。

しかし、父親が自分の路線にこだわり、子どもの願望ではなく自分の願望を押し付けたりすると、子どもの自立のプロセスが阻害され、子どもの思いとのズレが大きくなり、激しい反発や迷走につながる。

それでも、父親との肯定的な関係を、ある程度の期間もつことができた子では、長上の存在と良好な関係を維持しやすく、援助や引き立てを得やすい。

ところが、父親に対する恐れが強過ぎる場合や、両親の不安定な関係のため、父親を愛する気持ちを歪められた場合、子どもは父親との葛藤がうまく乗り越えられず、父親に対する敵意や見下した態度を強めることで自分を守ろうとする。こうした傾向は、父親に対してだけでなく、他者全般、ことに長上の存在に対してぎくしゃくしたり、反発したり、信用できなかったりという事態につながりやすい。

現実の父親に対する失望感から、それとは真逆な理想の父親を求めようとし、あるいは自らがそうした存在になろうとする。しかし、子どもは同時に、現実の父親に愛されたい、同一化したいという願望をもち、いつのまにか自分が憎んでいたはずの現実の父親に似た存在をおびき寄せたり、自らがそうなっていたりする。子どもは、どんな父親であっても、憎み切れないのだ。認められたい、愛されたいと願うのだ。

父親の不在を克服するために

ただ、幸いなことに、父親の不在や拒否は、母親の不在や拒否よりも克服しやすい。母親との不安定な関係は、存在の土台そのものを揺さぶるが、父親との関係は、通常、そこまで強い影響力はない。母親との関係が安定していれば、父親が不在であったり、父親との葛藤が強かったりしても、その影響は存在の根底を揺るがすまでには至らない。

父親との関係は、母親との関係よりも距離が遠いことが普通なので、その分、影響やダメージが小さくなる。母親との関係がしっかりとして、母親が安全基地として機能していれば、父親との関係が少々不安定でも、その影響は比較的小さい。むしろ、父親の不在を代償すべく、また、現実の父親を反面教師にして、理想の父親を求め、あるいは、自らがそうした存在になろうとして、不利をバネにする場合も少なくなくない。

しかし、母親自身が不安定だったり、母親が不在だったりして、母親との安定した愛着が築かれていない場合には、影響は深刻なものとなる。その場合には、母親が安全基地として機能しておらず、代わりに父親に依存や同一化が生じている。その状況で、父親の関心が他に移ったり、家からいなくなったり、亡くなってしまったりすると、その子が受けるダメージは、想像以上に大きなものとなる。

母親が早く亡くなるとか母親との早期の離別により、父親への依存度が強まった状況で、父親が再婚する、父親のその子に対する関心が薄らぐといった状況も、子どもにとっては非常にダメージとなりやすいものだ。

また、女の子なのに、母親が同一化の対象となれなかったり、母親が安全基地として機能していない状況で、父親に強く同一化し、父親に認めてもらおうと頑張っている状況も、両刃の剣だ。父親の期待に応えられない状況に陥ると、子どもは追い詰められる。その意味で、学歴偏重やスポーツ一筋の父親にスパルタで教えられるというようなケースは危うさを孕《はら》む。途中まで優等生だったのに、学業が低迷したり、スポーツで挫折すると、非行に走ったり無気力に陥るというケースは、しばしば出会うものだ。

さらに危険な状況は、性的虐待のような極めて侵襲的な関係に陥った子どもだ。そこでは母親の不在や機能不全も伴っているのが普通で、逃げ場のない状況が現出する。父親に精神的に依存している面も強く、身勝手な行為を繰り返す父親を憎むことさえできない。

いずれも、深刻なケースでは、母親の不在や機能不全が重なっている。母親と父親は補い合う関係にあり、父親の不在や機能不全を補うためには、母親が安定し、子どもの安全基地として頑張るしかない。母親までダメになってしまうと、子どもは逃げ場を失い、病んでしまうか、危険な関係や行為にすがるしかない。

父親代わりの存在とワナ

父親の不在を抱えた人が、健全な自我理想を育み、自分なりのアイデンティティを獲得して自立を成しとげていくためには、父親の不在を補ってくれる存在が必要になる。ことに、母親の機能不全や不在も重なると、父親と母親の両方の役割を誰かに求めなければならなくなる。その希求や渇望があまりにも激しいために、その人にとって危険な相手や、ふさわしくない存在にまで、その役を求めてしまうということも起きる。それが人生を守ってくれるどころか、狂わせる結果になる。

ことに父親代わりを求めようとする女性では、相手との親密で独占した関係を手に入れようとして、性的な関係に陥ってしまうことも多い。しかし、そこで追い求めているものが理想的な父親像だとすると、所詮裏切られる運命にある。なぜなら、性的な関係をもつこと自体が、相手の父性的な機能を損なってしまうからだ。父親役を求めながら、その人と関係してしまったら、尊敬の対象を、父親ではなく憐れな愛人に格下げしてしまう。その末路も見えている。

こうした弊害を避けるためには、性的なワナに陥らないだけの自制心を備えた存在に、本来の父親役としての機能を代替してもらう必要がある。父性機能が未熟な男性では、性的魅力に負けてしまい、娘を誘惑する最悪の父親になってしまう。その意味で、元患者を愛人にしてまったユングは、欠陥を抱えていた。父親不在と不安定な母親との関係という二重の不足によって、自分が庇護者となる以上に、自分を賞賛してくれる支持者を必要としていた。

その人の将来を守ってくれる責任ある存在のかかわりが必要なのだが、母子融合の段階にとどまっている人やエディプス段階を卒業できていない人では、同情が性的関係に容易にすり替わってしまう。女性の側も、庇護者的な存在と出会ったとき、性的なワナに陥らないように用心することだ。相手を惹きつけ、助けを引き出しつつも、体まで渡してしまわないことだ。憧れや尊敬の関係こそが大事なのだ。それが成長する力の原動力となるのだ。

一方、父親不在の男性にとっても、父親代わりの存在との関係は、とても重要だ。性的なワナに陥る危険も少ないので、尊敬できる師や先輩との関係を育んでいくことが、その不足を埋めることになる。スポーツの場でもよいし、学問や技芸の場でもよい。良き師にめぐりあい、父親的な温もり、優しさを、厳しさや強さとともに味わうことが、不在を補う体験になる。

ところが、父親不在の人にとって、危険なことや悪いことを教えてくれる先達が、しばしば魅力的な存在として映る。父親には、子どもを冒険や世界に誘うという役割があり、危険を恐れない悪い先輩に、母性化した父親にはない真の父親を感じてしまうのだ。

哲学者のキルケゴールは、父親と母親の関係の秘密を知ったとき、激しいショックを受け、何年間か無軌道な生活に陥った。父親は女中として働いていた母親を妊娠させ、結婚したのだ。それは敬虔《けいけん》で偉大な父親のイメージを、完全に打ち砕いた。

そのとき彼に、悪い遊びの手ほどきをしたのが、ロマン派の詩人P・L・メラーだった。尊敬すべき偉大な父親の理想像が失われたとき、悪い父親の化身のようなこの男に、キルケゴールは魅力と親近感を抱いたのだ。だが、三年に及ぶ放蕩《ほうとう》に嫌気がさし、死の床についた父親と和解する頃には、キルケゴールはメラーを離れ、この無頼の詩人に対して、強い嫌悪感を抱くようになっていた。

結局キルケゴールは、悪い父親としてのメラーを自分の中に統合できずじまいで、清らかな理想の父親像に再びとらわれてしまい、自分の穢れた半身に対して目を閉ざしてしまうのだが、メラーがもう少しまともな人間だったなら、あるいは、父親がもう少し長生きして、キルケゴールが父親に対する罪悪感にとらわれずにすんでいたら、彼は自分の中の穢《けが》れた部分と、潔癖な部分を統合し、現実ともっとうまく折り合いがつけられるようになっていたかもしれない。そうすれば、婚約破棄に終わる恋人レギーネとの愛を、現実的な形で全うできていただろう。

相手を見る眼識を養う

過度な理想化を防ぎ、相手の現実の姿を受け止めるために、相手を見抜く眼力を養うことも必要だろう。

愛着が安定した人なのか、母子の関係は安定しているか。母子の融合を卒業し、母子分離を達成しているか。父親との葛藤は解決できているか。

愛着形成の段階で問題が残ると、基本的な安心感が乏しく、傷つきやすかったり、気分が不安定だったり、自己否定が強まりやすいだろう。信頼が簡単に不信に裏返り、関係を維持すること自体が難しくなりやすい。

母子分離の段階をうまくクリアできていないと、距離の取り方がわからなかったり、依存的だったり、誇大な万能感や自己愛が強いという特徴を示すだろう。プライドや理想ばかりが高く、現実的な能力とのギャップが広がり、不適応を生じやすくなる。仕事や対外的な関係でもうまくいかなくなり、いっそうストレスを強めて、不満やフラストレーションをパートナーにぶつけるようになる。理想の母親をパートナーに求めようとするので、思い通りにならないパートナーに対して、激しい怒りを覚えてしまう。

父親が機能的に不在の場合にも、同じような傾向を伴いやすい。

父親との葛藤が未処理の場合には、三者関係が苦手で、独占欲が強すぎたり、強情だったり、妥協がうまくできない。情よりも力を信奉することもある。父親にされたように、力でねじ伏せようとしたり、無視することで相手を貶めようとし、DVやモラル・ハラスメントの危険が増大する。対人緊張が強く、社会性や柔軟性の面で困難を抱えやすい。

こうした点に目を向ければ、相手がどの段階で課題を抱えているかは、おおよそつかめるものだ。そのうえで付き合っていく必要がある。こうした課題も踏まえたうえで、付き合いを続けるという場合には、それを卒業できる方向にかかわっていく必要がある。でなければ、いずれ関係は苦痛に満ちたものになり、行き詰ってしまいやすい。パートナーのかかわり方次第で、当人の精神的な安定や課題の克服は、大いに促進されることもあれば、逆に悪化させてしまうこともある。

心の中の父親像に振り回されない

父親の不在や機能不全に伴いやすい問題は、否定的な父親像やそれを代償するために作られた理想の父親像に、現実が振り回されてしまうということだ。

偉大な父親という理想像にとらわれた人は、不完全で穢れた自分に罪悪感を抱き、喜びよりも義務ばかりが優先した、過酷な人生を自分に強いてしまう。父親に過度に同一化した女性では、理想化された父親と比較して、現実の男性に失望し、現実という泥沼を避けてしまう。

逆に、父親に対する否定的な思いや否定的な父親像も、知らずしらずその人の人生に影を落とし、対人関係をいつの間にか操る。先の章でも見たように、女性であれば、息子や父親、上司との関係に影響しやすい。男性の場合も、息子や同僚、上司との関係を左右する。

父親から否定的な評価ばかりを受けてきた人は、目上の男性に対して、自分を庇護してくれる理想的な存在を求める気持ちをもつ一方で、何か思いに反することや傷つけられることがあると、落胆と怒りを覚え、頑固に反発し、相手をこき下ろすような反応をしてしまい、冷静に妥協点を見つけることができない。

現実の父親に失望を味わい、理想の父親へのとらわれがある女性に起きやすいのは、自分を守ってくれそうな男性を理想化し、憧れや尊敬の念を抱くが、現実に付き合い始め、一緒に生活するようになると、その人の弱さや身勝手さが見え、自分が思い描いていた存在ではないと気づくや、強い失望と怒りにとらわれ始めるということだ。

理想化している間は、ラブラブの状態だが、嫌な面が見えてくると、結局同じじゃん、という気持ちになり、一気に醒めてしまう。そうなると、やることなすことが、すべて気にくわなく思えて、何か一言でも否定的なことを言われただけで、激しい諍いになる。そうした衝突がまた、自分の理想の相手ではなかったという思いを強め、結局関係の終焉を加速する。

本来の愛を妨げているのは、否定的な父親像であり、それを代償するために作られた理想化された父親像なのだ。

つまり、相手をいつのまにか、父親とは違って自分を守ってくれる〝理想的な父親〟か、父親と同じく自分を否定するだけの〝悪い父親〟かという二分法で見てしまうのだ。父親との葛藤を乗り越えて、現実の父親の良い面も悪い面も受け入れられるようになっていると、こうした極端な見方を卒業し、相手をトータルで見ることができるのだが、その葛藤を卒業できていないと、極端な反応をしてしまいやすい。

相手に背を向けたり、相手を責めたりすることが増える。すると、これまで崇められ、全面的に信奉され、かしずかれていた男性は、女性の態度の変化に、自分をないがしろにされたと感じ、怒りを覚えるようになる。

男性の方も、同じように不安定な愛着の問題を抱えていて、理想の母親を相手に求めているというケースも多い。そのため、相手の変化が、理想の母親ではないことを示すことになり、強い失望を味わい、愛情よりも、裏切られたという憤りを強める結果になる。

こうして、理想の父親と理想の母親を求めようとする互いの願望は、一旦すれ違いを起こし始めると、その溝がどんどん広がることになる。諍いが繰り返され、それでも性愛の引力が働いている間は、仲直りを繰り返すが、やがて愛情よりも怒りの方が勝ってしまうという段階に至る。そうなると刺々《とげとげ》しい言葉の応酬から、男性の側の暴力という事態にもなる。

もはや女性にとって相手の男性は、自分が逃れようとした最悪の父親と同じだとみなされ、ますます関係を継続することが困難になる。自分が逃れようとした否定的な父親に、自分が再びつかまってしまった運命の皮肉を嘆き、もうこんな生活は嫌だと、別れや離婚を決意する。相手を自分の人生から排除するしかないというところまで行き着くのだ。

父親に過度に同一化した女性では、男性からの攻撃や自分を否定するような態度は言語道断な仕打ちで、もっと強い拒絶反応が起きる。たちまち関係は破綻することになる。

まだ子どもがいないうちであれば、被害も小さいが、すでに子どもがいる場合には、母親が抱える経済的、精神的負担という面でも、子どもが背負うことになる心理社会的ハンディという面でも、それほど生易しい道のりではない。

しかも、やっと最悪の相手から逃れ、平安を取り戻した女性が、今度こそ自分を守ってくれる人と思って新たな生活を始めると、また同じような状況に陥ってしまうことも珍しくない。最初のうちは理想的な相手と思っていたパートナーが、やがて、まったく同じ本性をもつ「最悪の人」とわかって愕然《がくぜん》としたりする。

何が起きているのかは、目の前の出来事だけを見ていてもわからない。俯瞰《ふかん》的に自分の人生を眺めてみて、初めて起きていることの本質が見えてくる。結局、その女性が、求め反発していたのは、自分の中の父親像だったのだ。相手に理想の父親像を映し出している間はハッピーだが、それが壊れてしまうと、嘆きや怒りをぶつけていたのだ。

ことに否定的な父親像をトラウマとして抱えている場合には、相手の男性を否定的な父親像と同一視することで、執拗なまでに抗い争うことになり、妥協を困難にする。結局、その女性は、目の前の男性というよりも、自分自身が抱えた否定的な父親像と格闘していたことになる。

誰が目の前に現れても、また同じようなことが起きてしまう。相手を悪者とみなし排除することは、とりあえず目障りなものを取り除くことで、すっきりすることにはなるが、何ら根本的な解決にはならない。その人が抱えている問題は同じだからだ。しかも、子どもから父親を奪うことで、難しい問題を将来に用意することにもなる。

否定的な父親像をもつ男性では

一方、男性の場合も、父親のイマーゴが現実の関係に割り込んでくる。知らずしらず理想的な父親を求めてしまい、友達や上司に対して、過度な期待や失望を抱きやすい。逆に父親の関係が稀薄な人では、過度に距離を取った態度をとりやすいし、父親との葛藤が強い人では、人に対する緊張や警戒が強くなり、むやみに挑戦的で反抗的な態度をとり、無用の摩擦を増やしてしまいがちだ。

男性が否定的な父親像を引きずる場合、目上の存在と無用の諍いやトラブルを繰り返すということが、しばしばみられる。反抗のための反抗を繰り返したり、自分の立場を悪くするだけの攻撃を、自分より立場が上のものに対して行ってしまう。ときには、無関係の者に対してまで、からんでいこうとする。その人が闘っているのは、明らかに目の前の存在というよりも、彼を否定し、攻撃を加え続けた父親であり、また父親と同じ側にいる法社会や力をもった存在に対してなのだ。

無頼派の詩人中原中也は、その優しげな風貌とはかけ離れて、飲むと誰彼となくからんでは、ケンカを吹っかけることで悪名が高かった。中原が歯向かっていたのは、彼を否定した父親であり、父親と同列なもっともらしい社会という存在に対してだったろう。

少年院に来る子の典型は、否定的な父親像を背負い、それと血みどろの格闘をしているというケースだ。ＡＤＨＤや学習障害を抱え、小さい頃から落ち着きがなく、悪さばかりしていたので、父親から殴られて育ったという子も多い。学校でも否定され続け、父親や教師といった大人は、顔を見たら反抗したくなる存在になっている。早い子では小学校低学年から反抗が始まり、反射的に相手を挑発するようなふてぶてしい態度をとってしまう。

否定的な父親像を引きずる人に起きやすいもう一つの問題は、自分の息子との間に、同じような確執を繰り広げてしまいやすいということだ。未解決な葛藤がそこで再現してしまう。知らずしらず、かつて自分が反発した父親のように振る舞ってしまうのだ。自分が味わったのと同じ思いを子どもに味わわさせているとも気づかず、子どもを追いこんでしまう。まるで自分に、父親の亡霊が乗りうつったように、そうすることで父親への忠誠をはからずも果たしているかのようだ。

父親のイマーゴから解放される

こうした無用の悲劇を防ぎ、そこから回復するためには何が必要だろうか。

まず自分の中の理想の父親像や否定的な父親像へのとらわれを自覚することだ。理想の父親像を相手に求めていないか、否定的な父親像と相手を同一視していないか、振り返ってみることだ。

相手に理想の父親像を求め、それと比べて失望するのではなく、ありのままの相手を見ることだ。裏切られたと思っているのなら、それは間違っている。最初から、勝手な期待をかけただけなのだ。自分の期待に反したからといって、相手を責めるのは、相手からすれば、まったく不当な仕打ちとしか思えないだろう。相手を祀り上げたのは、あなたなのだ。

あなたが求めるような理想の存在など、現実には存在しない。それと比べれば、みんな欠陥品になってしまうだろう。過度な期待と失望という事態を防ぐには、現実離れした理想の存在を求めるのではなく、欠点もあれば、良いところもあるといった不完全な存在を、ありのままに受け入れ、お互いに良い関係を築いていけるように努めていくことなのだ。いつのまにか否定的な父親像と同一視し、嫌悪や怒りを感じているとしたら、自分の中の否定的な父親像の支配に気づき、それを無関係な存在に投影してしまう悪い癖を脱することこそが課題なのだ。

その場合に必要になるのは、相手の欠点ばかりではなく、良い点を見て、共感的で肯定的な応答をしていくということだ。それは、別の言い方で言えば、相手の安全基地となるということだ。そして、相手の欠点も含めて受け入れ、そのトータルな存在を大切に思うということが、真の意味での愛するということなのだ。相手だけを悪者視する幼い思考を脱しよう。そのために、愛する人を失うだけでなく、あなたの子どもから愛する存在を失わせることのないように。

作られたイメージを疑う

さらに必要なのは、否定的な父親像の呪いを解くことだ。自分の中の父親像に知らずしらず振り回されているということを自覚するとともに、否定的な父親像を再吟味する必要がある。

否定的な父親像は、現実の父親の嫌な面を見せられて作られてきたという部分もあるが、それ以上に母親や周囲の大人の反応や言葉によって誘導されたものだという部分が少なくない。

たとえば、父親がイライラして大きな声を上げたとする。それに対して母親が、子どもの前で、憐れっぽく涙ぐみながら、「お父さんみたいな人は大嫌い。あんな人と暮らすくらいなら、お母さんは、もう死にたい」と言ったとしよう。子どもは、父親が母親を苦しめていることに対して、激しい怒りと敵意を抱くだろう。父親を尊敬する気持ちは萎え、父親なんかいらないと思うかもしれない。

しかし、同じ状況でも、賢明で成熟した母親は、まったく別の言い方をする。「お父さんは、いつもは優しい人なんだけど、仕事で疲れていて、イライラしてたのよ。もっと優しくしてあげましょうね」

こうした母親の反応は、子どもが父親に憎しみや敵意を向けることを防ぎ、父親に対する尊敬や思いやりを守るだけではない。母親に対する信頼やひいては他者全般、世界全般に対する信頼を守ることにもなる。

それだけではない。相手の気持ちを思いやる母親の受け止め方は、子どもに表面的な反応だけでなく、その背後にある状況を考慮して物事を理解するという態度を身につけさせるだろう。それこそが真の共感性を、真の愛情を育む力を育てることになる。

そして、結局は愛する者を守り、わが子を守ることになる。

子どもの前で、父親を否定するような言い方をすることは極力避けた方がよい。難しいことだが、不幸にして離婚に至ったという場合にも心すべきだろう。

子どもの中に作られる父親像を傷つけることは、父親との葛藤を深めるだけでなく、その子の将来の他者との関係、その子が将来もつことになる子どもとのかかわりに影響したり、女の子の場合には、夫との関係を困難にしたりする危険があるということを肝に銘じたい。

父親のイメージは、不幸な人ほど、実際より歪められている。うつ状態の人は、父親に否定されたことや父親が母親を傷つけ、悲しませたことなど、ネガティブな体験しか思い出せないかもしれない。非行に走っている少年や人の温かい心など信じない人は、父親から暴力をふるわれ、ひどい目に遭ったことしか話さないかもしれない。

しかし、もう少し客観的に事実を検証してみると、否定的な父親像は、少なからず「捏造《ねつぞう》」されたり、誇張されたものであることが多い。ことに、そこにかかわっているのは母親の操作や作為だ。意図的にそうしたというよりも、子どもにとっては、母親がネガティブな反応をしているときの印象が強く残りやすいため、母親が気をつけていないと、そうした弊害が起きやすい。

気分の起伏が激しかったり、被害的な受け止め方がきつかったり、よく子どもの前で嘆いたり、人の悪口を言うような母親をもつ場合には、母親によって父親のイメージが歪められている可能性が高い。自分が抱いている否定的な父親のイメージを疑ってかかる必要がある。父親は、果たしてそこまでひどい人間だったのか。そんなに悪者だったのか、と。

肯定的な父親像を取り戻す

記憶の中にある断片的な映像は、母親の言葉を裏付けるようなものばかりかもしれない。だが、そうした印象も、いつのまにか操作されたものであることが多い。何度も否定的な言葉を聞かされるうちに、すべての体験を否定的なフィルターを通して見てしまうのだ。

父親は母親のように器用に子どもにかかわることはできなかったかもしれない。うまく愛情を表現することもできなかったかもしれない。しかし、それは、必ずしも本当に愛情がなかったということではない。父親は、もっと控えめな仕方かもしれないが、子どもを愛していることがほとんどだ。たとえ会うことが許されない状況であっても、父親は子どものことを思うのだ。

うつ病などの精神疾患のため、働けなくなり、離婚を余儀なくされた男性に数多く出会ってきたが、彼らがどれほど深い喪失の悲しみを抱え、子どものことを思って苦しんでいたか。その痛みや悲しみは、決して母親に劣るものではない。

家庭を捨てた父親も同じだ。たとえ別の家庭を営み、何食わぬ顔で暮らしていても、心の片隅には、置き去りにしてきたわが子への罪の意識や言葉にならない悲しみを引きずりつつづける。決して忘れることなどない。忘れようとしても忘れられない。生涯も終わりになればなるほど、その喪失感と罪責感は募ってくる。

父親との小さな思い出、ちょっとしたかかわりを思い出してみることだ。父親があなたのためにしてくれていたことを、父親があなたに言った言葉を、父親からあなたに注がれていた眼差しを。

父親に関する客観的な事実やエピソードを集めて、その人生を再構成してみるのもよいだろう。父親も一人の人間で、あなたと同じように、孤独や辛さや苦しみを抱えながら生きていたはずだ。あなたと同じように愛を求め、思い通りにならない状況の中で、もがいていたはずだ。

あなたと同じ年のとき、父親は何をしていただろう。あなたと同じように、人生に悩んでいたかもしれない。あなたと同じように親との関係に苦しんでいたかもしれない。いや、そんなことさえ自覚できずに、ただ闇雲に生きていたかもしれない。

でも、あなたと同じように生きていたということは確かだ。父親も、何らあなたと変わらない存在なのだ。父親も愛されたいと思い、誰かに認められたいと思って生きていた一人の人間なのだ。

父親も拒絶されれば傷つき、自分を守るために、相手を傷つけてしまうこともあっただろう。父親にも弱いところがあり、子どものようなところだってあったかもしれない。でも、すべてが憎しみや嫌悪にしか値しない人間ではなかったことは確かだ。

そうした作業を行ったうえで、もう一度考えてみることだ。あなたが、憎んでいた父親は、あなたが嫌っていた父親は、本当に父親の実像だろうか。誰かから間接的に吹き込まれたものや、他の人の解釈や意味づけに操られていないだろうか。あなたは、本当は父親のことを良く思いたかったのではないのか。父親に認められたかったのではないのか。

母親が父親を否定したり、貶す言葉に、あなたの判断は影響されていないだろうか。あなたが、父親から受け継いだもの、授けられたものは、そんなにひどいことばかりだろうか。

父親のした〝悪い〟行動が、どういう状況でなされていたのか、どういう意味をもっていたのかを、もう一度考えてみることだ。母親があなたに教え込んだ見方ではなく、できるだけ客観的な視点で、父親に何が起きていたのかに、思いを巡らしてみることだ。

単なる身勝手と思っていた行動や憎しみしか感じなかったことにも、別の意味を見出すかもしれない。少しでも父親の中に共感できる部分や肯定できる部分を見出すことができれば、それだけ否定的な父親像の呪縛から自由になることができる。母親があなたに与えた否定的な父親像を脱し、現実の父親にわずかでも近づくことができる。

現実の父親に肯定的な面を見出すことができれば、理想化された父親にすがる必要も、それだけ薄れてくる。否定的な父親像と同一視して、パートナーを憎む必要も薄らぐ。ありのままの姿で、欠点も長所も受け入れることに一歩近づける。親のイマーゴの支配から、少しだけ自由になって、現実の存在を愛する方向に歩みだすことができる。

楽園にいた頃

もしも、対立や葛藤が始まる前の幸せだった頃があったのなら、その頃の思い出を切り捨てず、ときどき思い出してみるのもよい。離婚して、あなたの前からいなくなった父親のことを考えたり、あなたのことを捨てたとしか思えない父親のことを考えるのは苦痛なだけで、そんな無駄なことに心を乱されたくないと思ってしまうかもしれない。

だが、恐らくそれは、本当の気持ちではない。心のどこかでは、幼い頃、その後を追いかけ、手を取ってもらった存在に、もう一度出会いたいと願っているはずだ。そんなことは、母親を悲しませるだけだし、父親も望んでいないと諦めて、忘れ去ろうとしてきたのかもしれないが、少なくとも、父親も望んでいないと思うのは間違いだ。一度共に過ごした子どものことを、父親は忘れることはない。父親もまた、忘れるしかないと、そう言い聞かせ、諦めて生きてきたのかもしれないが、心のどこかには、いつも何かが欠けているような隙間と空虚感を抱きながら暮らしてきたのだ。おそらく一日たりとも、その空虚な思いと罪の意識が、心から消えることはなかっただろう。仕事やアルコールで、その悲しみをごまかそうとしてきたとしても、癒されるどころか、取り返しがつかない思いとなって、心を苛んでいることだろう。

何も考えずに無心に生きていた頃、父親はあなたのそばにいて、あなたの顔を、手足の動きを見ることに胸を高鳴らせていた。あなたを抱え上げ、あなたの笑う声を聞くことに、今まで味わったことのないような喜びを感じ、この小さな存在のために、何としてでも生き抜いて、守ってやりたいと願ったはずだ。自分が学んできたことや、体験したことを、いっぱい語り聞かせてやりたいと思ったはずだ。

しかし、そんな思いも果たせないまま、かけがえのない存在のそばにいてやれない自分を、何と不甲斐ない、情けない父親だと思ったはずだ。

まだ、父親があなたの手を引いてくれ、自然に甘えることのできた日々を思い出してみることだ。その頃はまだ自己嫌悪も、人を恐れる気持ちもなく、ただ無心に甘え、抱っこされ、遊ぶことに熱中した。母親も父親も、いつも見守ってくれていた日々。

あなたが自分の中にもっている癒しの力の源は、あの安らかで、満たされていた日々から来るのだ。母と融合し、父がそれを静かに見守ってくれていた日々。それがあなたの安心の原点なのだ。

たとえ父親が、あなたに何一つしてくれなかったとしても、あなたの中には半分の父親の遺伝子が息づいている。あなたの中には、父親から与えられたものが確かにあるはずだ。父親をもう一度見直すということは無関係な人のことを考えることではない。それはあなた自身を考えることなのだ。

父親のことを愛おしく思うことをあなたがいつのまにか自分に禁じているとしたら、その禁を解けばいい。あなたの中には、父親を憎む気持ちとともに、父親を愛する気持ちがひそんでいるのではないのか。その気持ちがとても大切なのだ。それは父親のために大切なのではない。あなた自身のために大切なのだ。なぜなら、その気持ちが、あなたの人生に、あなたの周りの人との関係を良い方に導くからだ。

父親のことを肯定的に思えるようになったとき、あなたはもっと自分を肯定し、他人を信頼し、身近な人を思いやれるようになるだろう。

子どもは父親を愛したい

あなたが父親のことを嫌いだとしても、本当は父親のことを嫌いたくなどなかった。それはあなたが傷つくことから自分を守るために、身につけた防衛反応かもしれないし、あなたが母親の評価を鵜呑みにした結果かもしれない。

だが、常に否定され、愛を知らずに生きてきた人でさえも、父親に対する気持ちをもっている。悲惨な境遇で絶えず暴力にさらされながら大きくなった人でさえも、一方で否定的な父親像を抱え、それに激しく反発しつつも、同時に父親を求める気持ちは、どうしてそこまでというほど激しいものがある。

暴力的でどうしようもない父親であっても、子どもは父親を求めるのだ。父親に認められたいと願うのだ。

一人の少年のことを思い出す。名を裕司（仮名）としよう。彼より先にやってきたのは、彼にまつわる前評判だった。大変な少年が来るというのだ。特等少年院に送られたが、そこで大暴れして、施設がひっくり返るような混乱を引き起こし、どうにも処遇ができないまま、今回医療少年院に送られることになったのだ。言い方は悪いが、札付きの中の札付きというところで、誰もが戦々恐々と彼を迎えたのだ。

施設にやってくると、所持品検査が行われ、私物はリストを作って確認し、領置される。施設から出院するまで預かるわけだ。裕司の所持品は、ほとんどスポーツバッグ一つで、それが彼の全財産だったが、その中からぎょっとするようなものが出てきた。位牌《いはい》だった。

まだ、十代の少年が、スポーツバッグの中に位牌を入れて持ち歩いているというのも奇妙な話だった。

誰のだ、と係官が訊ねると。父のです、という答えが返ってきた。

どうして位牌なんか持っているのかと聞くと、少年は、「家がないからです」とだけ答えた。

係官はそれ以上込み入ったことは聞かず領置の手続きを進めた。

一連の手続きが終わると、診察に連れてこられた。物々しい雰囲気の中、何人もの屈強な職員に囲まれてやってきたのは、意外にさわやかな笑顔の少年だった。

しかし、誰もがその表情は見せかけのもので、その穏やか顔の下に恐ろしい本性が隠れているに違いないと、猜疑の目を向けているのが感じられた。だが、私は警戒の鎧を外して、彼にできるだけ真っ直ぐな気持ちで向き合うことにした。

大方の予想に反して、彼は興奮することも、暴言を吐くこともなく、落ち着いて話を交わし、これから治療を進めていくことに同意したのだった。


一日経ち、二日経ち、一週間が経ち、半月が経ち、彼の周囲の職員たちは、彼がトラブルを起こすのを、今か今かと怯えながら、毎日を過ごしていた。

ところが、一向に暴れるわけでも、職員を困らせるようなことをするわけでもない。部屋にこもって読書をし、文章を書いているということだった。

週一回の診察をとても楽しみにしていて、よく話してくれた。最初は、こちらを探っていたのか、たわいもない話が多かったが、そのうち、これまでのことを熱心に話すようになった。

実際話をしてみると、裕司はとても純粋で、心の優しい少年だった。私はただ裕司の話に耳を傾けた。こちらが特別何かを言う必要はなかった。

裕司はまともに学校で勉強をしていなかったが、もともとの能力は高かったのだろう。読書を好んだだけでなく、自分の言葉で考える力を備えていた。裕司の語りを聞きながら、彼が自分の問題に向き合おうとしているのを感じた。裕司は、私にその媒介役を求めているのだ。私は彼の作業の邪魔をせずに、彼の話に共感しながら、ひたすら聞くことが、最善のサポートに思われた。

これまで裕司が生きてきた時間が、診察室の中で少しずつ蘇っていった。そこで語られた人生は壮絶なものだった。

裕司は父親からの激しい暴力にさらされて育っていた。父親の暴力に嫌気がさし、母親は離婚を決意。彼がまだ小学生になっていないときのことだった。母親は妹の手を取り、「あんたは、どうすると?」と、裕司に訊ねた。

正直、母親についていきたかった。しかし、そのとき、父親の淋しそうな顔が目に入った。

自分まで母親についていったら父親が可哀想だ。子ども心にそう思った裕司は、「父ちゃんのところに残る」と答えた。

それが運命の分れ目だった。

母親のいない暮らしは、味気ないものだった。殴られるのは日常茶飯事だった。しかも殴るのに、理由はなかった。ごはんを食べていただけなのに、いきなり殴られたこともある。母親を恋しく思って、布団の中で泣いたこともあった。しかし、母親のところに行こうとは思わなかった。

父親はからっきし料理ができなかった。出来合いの物しか口に入らなくなった。一週間続けてカップラーメンということもあった。それでも、父親がいないよりはいた方がよかった。父親がいないと、食べ物も買えなかった。

父親が二、三日帰ってこないこともあった。すきっ腹を抱えて、毛布にくるまっていると、父親らしい足音がして、裕司は表に駆けだした。だが、通り過ぎていくのが別人だとわかったときの悲しかったこと。

着替えがなくて、いつも汚れた服を着ていた。誰かが「臭い」と言い出して、いじめられるようになった。鼻をつまんで笑った奴らを殴ったら、教師にこっぴどく叱られた。なぜ、あんなことをしたんだと、教師は聞いた。だが、いくら訊ねられても、殴った理由は言えなかった。「強情なやつだな」と、教師は呆れたように言って、放免してくれたが、それとなくわかっていたんだろう。ときどき食べ物をくれたりする優しい教師だった。

だが、父親はそんなわけにはいかなかった。息子のことで苦情を聞くと、「親に恥をかかせて」と、烈火のごとく怒った。理由も聞かず、殴る蹴るの折檻《せっかん》だった。許しを乞おうが何をしようが、無駄だった。

しかし、父親から殴られれば殴られるほど、裕司の問題行動はエスカレートした。盗んだ単車に乗り、タバコを喫《す》い、万引きをし、上級生を怪我させた。

小学校四年のとき、初めて施設に送られた。それから施設と社会を往復する生活が始まった。いつ寝首を掻かれるかもしれない施設の暮らしは、楽ではなかった。あんな父親しかいない家でも、帰りたいと思った。だが、父親は滅多に面会にも来なかった。

そんなある日、父親が突如面会にやってきた。裕司は中学生になっていた。

父親は、遠くに働きに行くことになったと告げ、まとまった金を稼いだら、必ず迎えに来ると言った。が、結局父親は現れずじまいだった。それから一年もしないうちに父親は亡くなったのだ。

裕司が社会に戻ったのは、さらに半年後だった。ほとんど付き合いもなかった伯父の家に、父親の位牌と遺骨はあった。父親の死が自殺だと知らされたのは、伯父からだった。「最期まで迷惑をかけて」と伯父は忌々しげに言った。

裕司は位牌だけを奪うようにもって、伯父の家を飛び出していた。

裕司がいられる場所は、社会にはなかった。金も食べ物もなかった。窃盗を働いて、すぐに捕まると最初の少年院送致となった。

施設の裕司の前に、ある日、久しく会わなかった母親が現れた。五歳のときに別れてから、十年近い歳月が流れていた。

「こんなことになっているとは知らなくて。母さんと一緒に暮らそう」と言った。父親が生きていれば、裕司は拒否していただろう。だが、もう父親はいなかった。

しかし、十年の歳月はあまりにも長かった。母親は再婚して、裕司とは別世界の人になっていた。高級住宅街の一角にある大きな邸が、母親や妹が、養父となった男と暮らす家だった。養父は、疑わしげな眼で裕司を見つめ、もっともらしい説教を垂れてから、「この家で暮らす以上は、この家のルールに従ってもらう」と釘を刺した。養父は、ことあるごとに、チクチクと皮肉を言った。養父の前で、母親も妹も小さくなっているのが腹立たしかった。母親に迷惑がかかってはいけないと我慢していたが、とうとうある日、言い争いになった。

「この家のルールに従えんのなら、出ていってんか」

母親は謝りなさいと言ったが、裕司も頑なだった。

「短い間でしたが、お世話になりました」と言って、裕司は荷物をまとめ、その家を後にした。

放浪生活の始まりだった。住む所も身元保証人もない十五、六の若者に、まともな仕事などあるはずもなかった。飢えをしのごうとすれば、また人様のものに手を出すしかなかった。


しかし、どんなときも、父親の位牌だけは後生大事に携えている裕司の行動は、話を聞けば聞くほど、腑に落ちないものがあった。父親から激しい虐待を受け、施設に放り込まれ、挙げ句の果てに自殺して、裕司のことなど見捨てて逝ってしまった父親に対して、なぜ裕司はそんな行動をするのだろう。位牌をもち歩くというのも、ある種の愛着行動と思われた。それほど父親に執着する理由がどこにあるのだろう。それとも、母親に対するあてつけとして、父親に執着しようとしているのか。

この謎が少しばかり解けたのは、裕司の治療が一旦終わって、半年ばかり後のことだった。裕司はすっかり安定し、以前とは別人のように前向きな状態が続いたため、特等少年院に移って、社会復帰に向けた訓練を受けることになった。そして、半年ばかりそこで過ごした裕司は、社会に帰ることになった。社会に戻る前に、裕司は一晩だけ元の施設に保護移送されることになったのだ。

こうして、私は裕司と半年ぶりに再会することとなった。

特等少年院でも、裕司は何のトラブルも起こさず、むしろ積極的に自分の課題に取り組み、さらにたくましく成長していた。裕司は、その後のことを一頻《ひとしき》り話した後で、ふと改まった口調になり、「実は先生にまだ話していなかったことがあるんです」と切り出した。

やはりそれは父親の自殺にからむことだった。

「後で知ったことですが、おれが脱走している間に、親父は面会に現れてたんです」

意外な事実に、啞然とせずにはいられなかった。

「ええ、おれと入れ違いになったんです。おれが施設を脱けだしたと知って、ひどくがっかりしてたそうです」

「じゃあ、お父さんは……」

「死ぬ前に、会いに来たんでしょう。おれの顔を見たかったんですかね。それなのに、息子はいなくて……。親父はどんな思いだったかと思うと……。おれなんかに会いに来たいと思うくらいだから、よほど淋しかったんでしょうね」

裕司の声は自嘲的な笑いを含んでいたが、その目に涙が光っていた。

「親父のおかげで散々殴られたり嫌な目にも遭いましたけど、でも、そんなことどうでもいいやと思えて。おれは、あんたの息子でよかったって言ってやりたかった……。もうそんなこともできませんがね」

そう言って、裕司は淋しそうに笑った。


娘が父親を求める気持ちにも切ないものがあるが、息子が父親を求める気持ちは、ひときわ切なく悲しい。息子は、滅多に口にするわけでもないのだが、父親を慕う気持ちを、心の奥底に秘めている。父親ができそこないだろうが、滅多に顔を合わさない存在だろうが、いやそれだからこそ、求めずにいられない。愛されたい、愛したいという思いを抱き続ける。

おわりに

二〇一二年秋に『母という病』を上梓して以来、実に沢山の方にお読みいただき、多くの版を重ねてきた。母親との関係に悩んでいる人が、いかに多く、母という病がいかに身近な問題かということを、改めて感じさせられた。

そうした中、読者からよく聞かれた声の一つは、「どうして、母親ばっかりなんですか?」「父親はどうなってるんですか?」というものだった。その通りだ。母親だけを論じるのは、言うまでもなく一面的だし、公平でない。

だが、なぜ敢えて、母親に焦点をしぼり、『母という病』を書かなければならなかったかは、本書を読まれた方には理解していただけたことだろう。ある意味、父親を云々できるのは、まだ幸福な状況かもしれないのだ。今や多くの人が、父親とのかかわりよりも、もっと手前の段階で躓いているのだ。

もちろん、母親で苦しんできた人に劣らず、父親に泣かされ、ひどい思いを味わってきた人が大勢いる。男性というものの性《さが》ゆえに、父親は、ある意味、もっと手におえない、扱いに困る存在になる。それゆえ、DVや虐待に代表されるような、未熟で救いのない父親の問題をやり玉に挙げ、その罪を糾弾することは容易だろう。

しかし、お読みになってわかる通り、本書は決して「被害者」のための嘆きや怒りの書ではない。なぜなら、その人を「被害者」にすることで終わっては、決してその人が抱えた問題や心の傷を乗り越える助けにはならないからだ。もっと中立的な視点で、自分の身に起きたことを俯瞰的に振り返ってみる必要があるからだ。

むしろ必要なのは、あなたの父親に起きていたことを、共感的に理解することなのだ。そして究極的には、父親への思いを取り戻し、あなたを縛っている父親の呪縛から、あなたを解放することなのだ。本書が、そのための小さなきっかけ、あなた自身を再発見するための、わずかなヒントになれば、その目的は遂げられたと思う。

父親不在が進行し、父親の存在感が低下する中、日本も「父親なき社会《ファザレス・ソサイアテイ》」の様相を呈しつつある。だが、いくら父親の存在感が薄まろうと、その役割の大切さが薄まったわけではない。母親と父親は、本来、補い合う関係にある。母親がうまく機能しなくなり、母という病が広がる背景には、父親の不在という裏返しの現実がある。父親がいても機能的に不在だという状況の中、母親にかかる負担が大きくなり過ぎているのだ。

父親が、もう一度、その役割を取り戻すことが求められている。そのためには、社会が父親の重要性を認識し直す必要もあるだろう。子どもから父親を奪ったのは、利益追求を優先する社会でもあるからだ。

口先で何と言おうと、子どもは父親を必要としている。子どものバランスの良い発達と成熟のためには、母親と同じように父親が必要なのだ。幼いときほど母親の役割が大きいが、大きくなり思春期を迎える頃には、むしろ父親の役割が増大する。そのとき、父親が心理的に不在で、父親として機能していないと、子どもの成長や安定は損なわれやすくなる。ちょうどカロリーは足りていても、ビタミンやミネラルの不足が、厄介な障害を引き起こすように、父親の不在は、父親不在症候群を引き起こす。子どもは何とかして、その空白を埋めようとするが、心に抱えた父性飢餓《ファザー・ハンガー》に人生を振り回されることもしばしばだ。

だが、母親一人で子育てする人も、落胆するには及ばない。人間には高い代償能力がある。一人の親が、父親役と母親役をやりこなすこともできるのだ。ただし、そのためには、自分の中の否定的な父親像、母親像へのとらわれを克服し、肯定的なものとして蘇らせていくことが求められる。それは困難かもしれないが、報われる道だ。

父親の存在とは、必ずしも現実の存在だけを意味するわけではない。現実の父親がどうであるかということ以上に、心の中の父親像がいかなるものであるかということも大切なのだ。否定的な父親像が、いつのまにか日々の対人関係に忍び込み、社会生活や家庭生活を壊してしまうことも多い。そして、残念なことに、父親像は、しばしば実際以上に歪められている。

少々欠陥があろうと、子どもは父親を愛したい。愛するに値する人間だと信じたい。そうすることは、子ども自身の幸せにも通じるのだ。そんな切ない子どもの願いを、踏みにじることがないようにと願わずにはいられない。

父親なんて、いらない——とうそぶいても、心の底で子どもは、父親を求めている。そして、父親も母親も幸せでいてほしい。できれば二人が仲良く、愛し合う存在でいてほしい。それが無理なら、せめて傷つけ合わずに、互いを尊重した関係でいてほしい。子どもが、そう願うことは、願い過ぎだろうか。

末筆ながら、いつも頭の下がる忍耐と熱意で原稿を待ち続け、常に励ましと助言を与えてくれたポプラ社編集部の千美朝氏に、心よりの感謝を記したい。

二〇一四年三月

岡田尊司

主な参考文献

・『治療論からみた退行』マイケル・バリント　中井久夫訳　金剛出版　一九七八
・『情緒発達の精神分析理論』D・W・ウィニコット　牛島定信訳　岩崎学術出版社　一九七七
・『赤ん坊と母親』ウィニコット著作集1　成田善弘、根本真弓訳　岩崎学術出版社　一九九三
・『対象関係』(上)(下)　ジャック・ラカン　ジャック＝アラン・ミレール編　小出浩之他訳　岩波書店　二〇〇六
・『無意識の形成物〈上〉』ジャック・ラカン　ジャック＝アラン・ミレール編　佐々木孝次他訳　岩波書店　二〇〇六
・『母子関係の理論』新版Ⅰ、Ⅱ、Ⅲ　J・ボウルビィ　黒田実郎他訳　岩崎学術出版社　一九九一
・『母と子のアタッチメント　心の安全基地』ボウルビィ　二木武監訳　医歯薬出版　一九九三
・『愛着と愛着障害』V・プライア、D・グレイサー　加藤和生訳　北大路書房　二〇〇八
・『成人のアタッチメント　理論・研究・臨床』W・スティーヴン・ロールズ、ジェフリー・A・シンプソン　遠藤利彦他監訳　北大路書房　二〇〇八
・『シック・マザー　心を病んだ母親とその子どもたち』岡田尊司　筑摩選書　二〇一一
・『愛着障害　子ども時代を引きずる人々』岡田尊司　光文社新書　二〇一一
・『愛着崩壊』岡田尊司　角川選書　二〇一二
・『回避性愛着障害』岡田尊司　光文社新書　二〇一三
・『ピカソ　偽りの伝説〈上〉〈下〉』アリアーナ・S・ハフィントン　高橋早苗訳　草思社　一九九一

・『G・バタイユ伝　上、下』ミシェル・シュリヤ　西谷修、中沢信一、川竹英克訳　河出書房新社　一九九一
・『ハンナ・アーレント伝』エリザベス・ヤング＝ブルーエル　荒川幾男、原一子、本間直子、宮内寿子訳　晶文社　一九九九
・『アーレントとハイデガー』エルジビェータ・エティンガー　大島かおり訳　みすず書房　一九九六
・『ユング自伝1　―思い出・夢・思想―』　ヤッフェ編　河合隼雄、藤縄昭、出井淑子訳　一九七二
・『評伝　ヘルマン・ヘッセ――危機の巡礼者』ラルフ・フリードマン　藤川芳朗訳　草思社　二〇〇四
・『ペルソナ　三島由紀夫伝』猪瀬直樹　文藝春秋　一九九五
・『東電ＯＬ殺人事件』佐野眞一　新潮社　二〇〇〇
・『ガンジー自伝』ガンジー　蠟山芳郎訳　中公文庫　一九八三
・『偉人の残念な息子たち』森下賢一　朝日文庫　二〇一二
・『モディリアニ　人と神話』ジャンヌ・モディリアニ　矢内原伊作訳　みすず書房　一九六一
・『父　水上勉』窪島誠一郎　白水社　二〇一一
・『オスカー・ワイルドの生涯　愛と美の殉教者』山田勝　ＮＨＫブックス　一九九九
・『オスカー・ワイルド　長くて美しい自殺』メリッサ・ノックス　玉井暲訳　青土社　二〇〇一
・『サリンジャー　生涯91年の真実』ケネス・スラウェンスキー　田中啓史訳　二〇一三

・『中原中也』大岡昇平　講談社文芸文庫　一九八九
・『迷わない。』櫻井よしこ　文春新書　二〇一三
・『サン＝テグジュペリの生涯』ステイシー・シフ　檜垣嗣子訳　新潮社　一九九七
・『ジョン・レノン』レイ・コールマン　岡山徹訳　音楽之友社　二〇〇二
・“Attachment and development” Suzan Goldberg, Arnold, 2000
・“Attachment from infancy to adulthood : The major longitudinal studies.” Grossmann, K. E. et al., Guilford Press, 2005
・“Attachment in adulthood : Structure, dynamics, and change” Mario Mikulincer & Phillip R. Shaver, The Guilford Press, 2007
・“A sibling adoption study of adult attachment: The influence of shared environment on attachment states of mind.” Caspers, K., Yucuis, R., Troutman, B., Arndt, S. & Langbehn, D., Attach Hum Dev. 9(4), 2007
・“Ego development and perceptions of parent behavior in adolescent girls: A qualitative study of the transition from high school to college.” Lasser, V. & Snarey, J., Journal of Adolescent Research, 4(3), 1989
・“Emerging Topics on Father Attachment: Considerations in Theory, Context and Development” edited by Lisa A. Newland, Harry S. Freeman and Diana D. Coyl, Routledge, 2011

- “Father-child separation, retrospective and current views of attachment relationship with father, and self-esteem in late adolescence.” Mc Cormick, C. B. & Kennedy, J. H., Psychol Rep. 86, 2000
- “Fathers and Adolescents : Developmental and Clinical Perspectives” Shulman, S. & Seiffge-Krenke, I., Routledge, 1997
- “Handbook of Attachment: Theory, Research and Clinical Application.” edited by J. Cassidy and P. Shaver, Guilford Press, 1999
- “The Importance of Fathers: A Psychoanalytic Re-evaluation” edited by Alicia Etchegoyen & Judith Trowell, Routledge, 2001
- “Nurturing Natures : Attachment and children’s emotional, sociocultural and brain development.” Graham Music, Psychology Press, 2010
- “Real and Imaginary Fathers: Development, Transference, and Healing” edited by Salman Akhtar & Henri Parens, Jason Aronson, Inc., 2005
- “The Nurturing Father: Journey Toward the Complete Man” Kyle D. Pruett, Warner Books, 1987
- “The origins of fatherhood: An ancient family process” Kraemer, S., Family Process 30, 1991

本書は、二〇一四年三月にポプラ社より書き下ろし作品として刊行された単行本『父という病』を、新書化した作品です。

ポプラ新書　好評既刊

母という病

岡田尊司

昨今、母親との関係に苦しんでいる人が増えている。母親との関係は、単に母親一人との関係に終わらない。他のすべての対人関係や恋愛、子育て、うつや依存症などの精神的な問題の要因となる。「母という病」を知って、それに向き合い、克服することが、不幸の根を断ち切り、実り多い人生を手に入れる近道である。

○に近い△を生きる

「正論」や「正解」にだまされるな

鎌田　實

今の日本に必要なのは「別解力」。たった一つの「正解」に縛られるのではなく幾つもある「別解」の中から○に近い△を見つけていきましょう。会社の中でも、家庭の中でも、地球の中でも、みんながより幸福にあたたかく回転していくために……。ベストセラー医師が意を決して新たな生き方を提案！　人気ノンフィクション作家・石井光太氏との特別対談「絶望と希望の間にある幸福論」を収録。

ポプラ新書　好評既刊

下りのなかで上りを生きる

「不可能」の時に「可能」を見つけろ

鎌田　實

右肩上がりの経済のなかで身につけた上り坂を生きる思想はもう古い。日本もゆるやかな下り坂に差し掛かっていると考えた方がいい。人生そのものも下り坂の連続だ。グローバリズムと金融資本主義に翻弄されるな。ニヒリズムの空気に負けるな。下りながら上るちょっとしたコツを覚えればあなたの人生も国のあり方も大きく変わる。岐路に立つ我々が今こそ目指すべき「新しい人間」とは何か？

ポプラ新書　好評既刊

本当は怖い小学一年生

汐見稔幸

なんのために勉強するのかわからない。そもそも授業がつまらない。親の過剰な期待に振り回されている。――「小一プロブレム」と呼ばれ、小学校低学年の教室で起こるさまざまな問題は、じつは「学びの面白さを感じられない」子どもたちからの違和感や抵抗のあらわれだ。子どもの可能性を引き出すために、今必要なものは何か。教育、子育てへの提言。

ポプラ新書　好評既刊

格付けしあう女たち

「女子カースト」の実態

白河 桃子

「八千円のランチに行けるか、行けないか」で「ママカースト」が決まる!? 女性の間に生まれる「カースト」の苦しみは、社会的な成功だけでなく「女としての幸せ」というダブルスタンダードで計られることにある。「恋愛・婚活カースト」や「女子大生カースト」、「オフィスカースト」などの「女子カースト」の実態と対処法を探ると共に、そこから見える旧態依然とした会社組織や貧困、シングルマザーなどの日本の課題点に迫る。

帯イラスト　加藤由紀

岡田尊司
おかだ・たかし
1960年、香川県生まれ。精神科医、作家。医学博士。東京大学哲学科中退。京都大学医学部卒。京都大学大学院医学研究科修了。長年、京都医療少年院に勤務した後、岡田クリニック開業。現在、岡田クリニック院長。山形大学客員教授。パーソナリティ障害、発達障害治療の最前線に立ち、臨床医として人々の心の問題に向かい合っている。主な著書に『パーソナリティ障害』(PHP新書)、『悲しみの子どもたち』(集英社新書)、『脳内汚染』(文春文庫)、『発達障害と呼ばないで』(幻冬舎新書)、『愛着障害』『回避性愛着障害』(共に光文社新書)、『母という病』(ポプラ新書)などベストセラー多数。

ポプラ新書
051
父という病
2015年1月5日 第1刷発行

著者
岡田尊司
発行者
奥村 傳
編集
木村やえ
発行所
株式会社 ポプラ社
〒160-8565 東京都新宿区大京町22-1
電話 03-3357-2212(営業) 03-3357-2305(編集) 0120-666-553(お客様相談室)
FAX 03-3359-2359(ご注文)
振替 00140-3-149271
一般書編集局ホームページ http://www.poplarbeech.com/
ブックデザイン
鈴木成一デザイン室
印刷・製本
図書印刷株式会社

N.D.C.493/358P/18cm ISBN978-4-591-14280-6

生きるとは共に未来を語ること　共に希望を語ること

昭和二十二年、ポプラ社は、戦後の荒廃した東京の焼け跡を目のあたりにし、次の世代の日本を創るべき子どもたちが、ポプラ（白楊）の樹のように、まっすぐにすくすくと成長することを願って、児童図書専門出版社として創業いたしました。

創業以来、すでに六十六年の歳月が経ち、何人たりとも予測できない不透明な世界が出現してしまいました。

この未曾有の混迷と閉塞感におおいつくされた日本の現状を鑑みるにつけ、私どもは出版人としていかなる国家像、いかなる日本人像、そしてグローバル化しボーダレス化した世界的状況の裡で、いかなる人類像を創造しなければならないかという、大命題に応えるべく、強靭な志をもち、共に未来を語り共に希望を語りあえる状況を創ることこそ、私どもに課せられた最大の使命だと考えます。

ポプラ社は創業の原点にもどり、人々がすこやかにすくすくと、生きる喜びを感じられる世界を実現させることに希いと祈りをこめて、ここにポプラ新書を創刊するものです。

未来への挑戦！

平成二十五年　九月吉日　　株式会社ポプラ社